Vencendo medos e ansiedades

Elyse Fitzpatrick

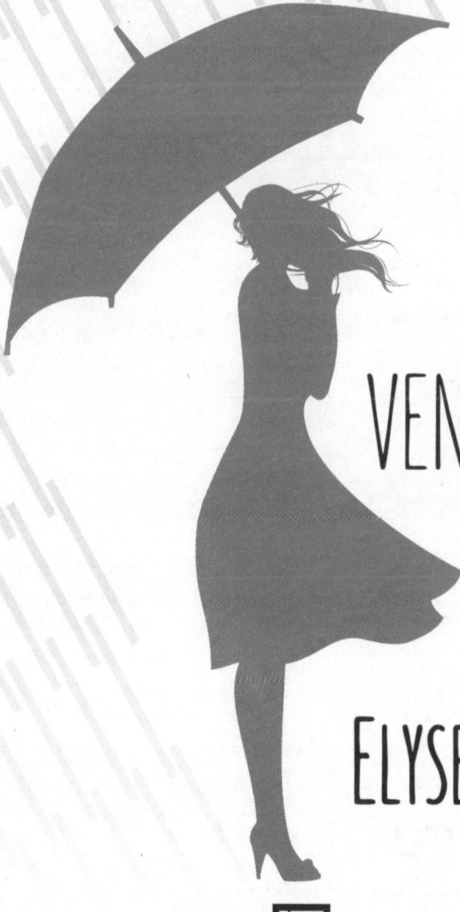

Vencendo medos e ansiedades

Elyse Fitzpatrick

F559v   Fitzpatrick, Elyse, 1950-
          Vencendo medos e ansiedades / Elyse Fitzpatrick ;
          [traduzido por Ingrid Rosane de Andrade]. – São José dos
          Campos, SP : Fiel, 2015.

          288 p. ; 21cm.
          Tradução de: Overcoming fear, worry, and anxiety.
          Inclui referências bibliográficas (p. 277-284).
          ISBN 978-85-8132-285-8

          1. Mulheres cristãs – Vida religiosa. 2. Medo –
          Aspectos religiosos – Cristianismo. I. Título.

                                                  CDD: 248.8/43

        Catalogação na publicação: Mariana C. de Melo – CRB07/6477

Vencendo Medos e Ansiedades
Traduzido do original em inglês
Overcoming Fear, Worry, and Anxiety
Copyright © 2001 por Elyse Fitzpatrick

Publicado por Harvest House Publishers
990 Owen Loop North
Eugene, Oregon 97402, USA

■

Todos os direitos em língua portuguesa reservados por
Editora Fiel da Missão Evangélica Literária

Proibida a reprodução deste livro por quaisquer
meios, sem a permissão escrita dos editores,
salvo em breves citações, com indicação da fonte.

Copyright © 2014 Editora Fiel
Primeira Edição em Português: 2015

■

Diretor: Tiago J. Santos Filho
Editor-chefe: Tiago J. Santos Filho
Editora: Renata do Espírito Santo
Coordenação Editorial: Gisele Lemes
Tradução: Ingrid Rosane de Andrade
Revisão: Anna Maria de Azevêdo e Renata do
Espírito Santo
Diagramação: Wirley Corrêa - Layout
Capa: Rubner Durais
ISBN: 978-85-8132-285-8

Caixa Postal 1601
CEP: 12230-971
São José dos Campos, SP
PABX: (12) 3919-9999
www.editorafiel.com.br

SUMÁRIO

Agradecimentos 7
Introdução: Um "Chapeleiro Louco" de Verdade: Paralisado pelo Medo 11

ENTENDENDO OS SEUS MEDOS
1. Entendendo como o Medo Funciona 19
2. Heróis Bíblicos que Lutaram contra o Medo 35
3. Substituindo o Seu Medo pelo Poder de Deus 51

A FONTE DOS SEUS MEDOS
4. Quando Você Sente que Está Perdendo o Controle................... 69
5. Temendo as Pessoas ao Nosso Redor.. 91
6. O Medo Causado pelo Perfeccionismo 111
7. Deus Realmente se Importa com Você.................................... 135

AS RESPOSTAS DE DEUS PARA OS SEUS MEDOS
8. A Segurança da Soberania de Deus... 157
9. O Medo que Resulta em Bênçãos 181
10. O Oposto do Medo: Amor 203
11. Crescendo Fortemente na Graça 223
12. A Força de Deus Revelada em Nossa Fraqueza 245

Apêndice A: Como Saber se Você é Cristã? 267
Apêndice B: Filtrando os Seus Pensamentos 273
Apêndice C 275
Notas 277

Agradecimentos

Cada frase neste livro é um mero reflexo da misericórdia de Deus para comigo ao me cercar de pessoas piedosas que conhecem a verdade e sabem como aplicá-la à vida. Entre essas pessoas estão: Jay E. Adams, George Scipione do *Institute for Biblical Counseling and Discipleship*, as equipes da *National Association of Nouthetic Counselors*, *The Biblical Counseling Foundation* e *The Christian Counseling and Educational Foundation*. Se há algo de bom neste livro, isso se deve a eles.

Deus também me enviou conforto em forma de amigos que oraram constantemente por mim e me incentivaram. Entre esses estão: Anita Manata, Donna Turner, Julie Pascoe, Hannah e Barbara Duguid, Jason e Kristin Barrie, Betsy Smith, Bonnie Graham, Eileen Scipione do *Institute for Biblical Counseling and Discipleship*, e as pessoas queridas da *North City Presbyterian Church*.

Como sempre, a equipe da *Evangelical Bible Book Store*, particularmente John Hickernell, tem sido de inestimável ajuda. Meu editor, Steve Miller da Harvest House, é um amigo estimado e tem sido uma fonte constante de encorajamento.

Aqueles que mais se sacrificaram foram os da minha família e, especialmente, meu amoroso e paciente marido, Phil. *Obrigada, querido.* James, Cody e Jessica, Joel e Ruth, Wesley e Hayden esperaram pacientemente enquanto eu passava horas trancadas em meu escritório. *Queridos: Se alguém for ajudado através deste livro, vocês podem ter certeza de que tiveram uma parte nisso.* E, é claro, obrigada novamente, mamãe, por toda a sua inspiração e útil edição.

James, Joel, Cody, Wesley e Hayden
Que os meus filhos e os filhos deles
sejam cheios do temor do Senhor
e permaneçam fortes na verdade que lhes permitirá
portarem-se como homens.

Introdução

Um "Chapeleiro Louco" de verdade: Paralisado pelo Medo

O auditório estava lotado com os pais orgulhosos dos alunos de teatro avançado mais promissores da região. Nos bastidores, membros de cada elenco repassavam apressadamente suas falas, preparando-se para a sua vez de competir.

"Vocês são os próximos", disse a nossa professora, a Sra. Archer. "Basta lembrarem-se daquilo que viemos trabalhando e... quebrem uma perna". Todos nós sorrimos um para o outro, sabendo que a expressão "quebre uma perna" significava, na linguagem do teatro, "boa sorte".* Nós não achávamos que precisávamos de sorte; nós havíamos ensaiado nossas falas tantas vezes que elas eram pronunciadas no automático. Nós nos sentíamos confiantes – e por que não deveríamos? Afinal, nós éramos

---

* A expressão equivalente em português pode ser considerada de baixo calão, por isso a tradutora optou por fazer a tradução literal do termo em inglês.

os melhores. Quando os cinco de nós, atores e atrizes que estavam dramatizando a famosa festa do chá de Alice no País das Maravilhas, entramos no palco, o público ficou em silêncio, e as luzes se acenderam.

"Eu adoro a festa do chá", disse Alice para mim, o Chapeleiro Louco. Enquanto ela sentava-se olhando para mim, esperando que eu lhe respondesse com a minha fala, algo absolutamente chocante aconteceu. De repente, senti como se estivesse assistindo toda a cena como uma espectadora – tudo se tornou confuso, e parecia que eu estava perdendo contato com a realidade. Lá no fundo da minha mente, eu sabia que eu deveria estar fazendo alguma coisa. *Não tinha algo que eu deveria dizer?* À medida que os segundos, que pareciam horas, passavam, eu ficava cada vez mais desorientada. Minhas mãos suavam e o meu coração batia fortemente. Eu senti como se fosse desmaiar. Em algum lugar no fundo da minha mente, eu ouvi vagamente a nossa professora sussurrando para mim freneticamente as minhas falas de fora do palco. *Eu deveria falar essas frases?* Eu não conseguia sequer me lembrar de como falar. Nada do que estava acontecendo ao meu redor fazia sentido.

"Eu adoro a festa do chá", disse Alice novamente, dessa vez olhando fixamente para mim. Eu queria responder para deixá-la feliz, mas, no fundo do meu coração, eu não conseguia entender o que ela queria. Eu não sabia quem eu era ou o que eu estava fazendo ali, com todas aquelas luzes sobre mim. O público começou a murmurar. Os meus colegas atores e atrizes olhavam incrédulos para mim. Eu simplesmente fiquei sentada ali, na ponta da mesa, em transe. *Quem eu era... o que estava acontecendo comigo?* Tudo o que eu conseguia pensar era em como escapar. Então, eu simplesmente me levantei e caminhei para fora do palco. O resto do elenco, humilhado e irritado, saiu em seguida.

Sabe, eu consigo me lembrar vividamente dessa cena, mesmo ela tendo acontecido há mais de 30 anos. Ela está congelada na minha mente, juntamente com todas as outras grandes humilhações da minha vida. Eu gostaria de lhe dizer que eu fui aos bastidores, voltei ao normal e continuei com a nossa apresentação, mas isso não seria verdade. Não, na verdade, esse foi o fim da minha grande chance de ficar famosa, bem como o de algumas amizades da aula de teatro. Naquele dia me senti mais como um Chapeleiro Louco do que eu gostaria.

O medo é incrivelmente poderoso, não é? Ele pode acabar com a sua memória e fazer com que o seu coração bata fortemente. Na verdade, ele pode paralisar você. Ele pode fazer um soldado treinado chorar como uma criança, assim como o apavorado soldado de infantaria no filme *O Resgate do Soldado Ryan*. Ele sabia que deveria se levantar e salvar o seu amigo, mas ele se sentia completamente incapaz de se mover.

À medida que passarmos tempo juntas analisando os nossos medos e ansiedades, eu compartilharei mais desses momentos com você – tanto da minha própria vida quanto da vida de outras. Desde as grandes humilhações às pequenas e incômodas ansiedades que dançam como espectros ao redor de nossos pensamentos, eu quero que você saiba que não está sozinha. Eu sei o que é ficar acordada, à noite, com aquele mau pressentimento, pensando: "*As coisas estão muito bem, isso não vai durar para sempre*" ou "*as coisas estão péssimas, elas nunca vão mudar!*". Eu sei o que é se preocupar, sentir os músculos ficarem tensos ao redor do pescoço, e sentir o estômago se revirar. Passei dias lutando contra o pensamento de que *tudo* estava à beira do colapso. Eu deixei minha mente vagar por todos os labirintos – imaginando que os meus filhos estavam mortos, ou que o meu marido havia perdido o seu amor por mim, ou que eu tinha alguma doença horrível, ou... e assim por diante.

Em resposta a esses pensamentos cheios de temor, eu disse e fiz algumas coisas bem tolas. Algumas delas, analisando bem, são realmente muito engraçadas, enquanto outras deixaram um rastro de tristes consequências. Eu compartilharei, propositadamente, muitos desses incidentes pessoais com você, para que veja que somos todas iguais em nossas respostas emocionais. Eu também compartilharei algumas histórias de mulheres que eu aconselhei – mulheres como você e eu. Eu farei isso porque quero que saiba que *você não está sozinha*.

Na verdade, isso é exatamente o que a Bíblia ensina: "Não vos sobreveio tentação que não fosse humana..." (1 Coríntios 10.13). Os medos que você e eu enfrentamos não são, na verdade, tão peculiares assim; esse versículo ensina que todas nós estamos praticamente no mesmo barco. Embora o foco e a intensidade dos nossos medos possam ser diferentes, cada pessoa que já viveu teve que lutar contra eles. Talvez, do seu ponto de vista, não pareça ser assim, mas mesmo aquelas que aparentam ser as mais corajosas entre nós tiveram que superar o medo.

Aquele que Venceu o Medo

Este não é apenas um livro sobre as lutas e os fracassos que temos em comum. Mesmo que seja útil para nós sabermos que não estamos sozinhas, eu entendo que o fato de termos essa consciência não nos ajudará a superarmos o problema. Os passageiros do *Titanic* podem ter ficado contentes por terem tido a mão de alguém para segurarem, mas, no final, isso não impediu que o navio afundasse sob aquela água gelada. Não! Assim como eles, nós precisamos de alguém forte o suficiente para nos resgatar da escuridão da noite, do frio terrível que ameaça paralisar as nossas almas. Precisamos de alguém que seja mais forte do que os nossos medos.

Jesus Cristo é esse alguém. Ele é o único que conhece intimamente todos os nossos pensamentos e medos. Ele é o único capaz de nos libertar. Isso porque ele enfrentou o maior de todos os medos por nós – o medo da morte e da separação de Deus – e ressurgiu vitorioso. A Bíblia ensina que uma das razões pelas quais ele deixou o céu e veio ao mundo foi para livrar "todos que, pelo pavor... estavam sujeitos à escravidão por toda a vida" (Hebreus 2.15).

Nossos medos são como correntes em volta de nossos corações eles nos paralisam, prendem e escravizam. Mas Jesus Cristo é a chave que pode banir todos os seus medos e libertá-la. Ele é capaz de fazer isso porque o amor dele é mais poderoso do que os seus medos. É plano dele ensiná-la, encorajá-la e transformá-la em uma pessoa que confia nele – mesmo em face de suas mais profundas preocupações e ansiedades. Ele não promete torná-la perfeita aqui na Terra, mas promete trabalhar poderosamente em seu coração agora e, enfim, libertá-la completamente de todos os medos no céu. A promessa de Jesus está disponível para todos os cristãos. Não assuma que esse livro é apenas para pessoas que têm um profundo conhecimento da Bíblia. O importante é que você é uma das filhas de Deus, alguém que recebeu Jesus Cristo como seu Senhor e Salvador pessoal.

Se você não tem certeza de que é cristã, pare agora e vá até o Apêndice A, ao final deste livro. Lá você descobrirá o plano de Deus para transformá-la em uma nova pessoa. Apenas pense – talvez Deus use sua luta contra os seus medos para trazê-la a ele. Não tenha medo de Deus rejeitá-la caso você não entenda tudo sobre a vida cristã. Se você sabe que precisa de um Salvador, então ele está chamando você hoje.

A Jornada para a Liberdade

Desde o dia em que eu saí do palco atordoada tantos anos atrás, Deus transformou a minha vida. Eu falei na frente de grandes multidões e dei muitas entrevistas em rádios e na televisão. Eu reconheço que essa mudança é resultado de um trabalho poderoso de Deus na minha vida. Eu não estou pedindo que você coloque a sua confiança em mim ou nas minhas palavras. Eu consigo ver como eu cresci por causa da bondade de Deus na minha vida, mas, de muitas maneiras, eu ainda sou muito fraca. O que eu escrevi aqui não é a resposta para todos os seus problemas, mas a levará para aquele que é.

Introdução

Então, por que não começar sua viagem por este livro, pedindo a Deus para ajudá-la a colocar a sua confiança nele? Afinal, ele é o único que já venceu o medo e a morte, e ele é o único capaz de transformá-la. Ele é o transformador de corações e está mais interessado em libertá-la do que você pode imaginar. Então, prostre o seu coração diante dele, arregace as mangas, e comecemos a nossa jornada rumo à liberdade.

1
Entendendo como o Medo Funciona

"Tais criaturas estranhas somos nós que provavelmente sofremos mais sob as calamidades que nunca se abatem sobre nós do que sob aquelas que realmente se abatem."[1]

– Charles H. Spurgeon
Autor e pregador britânico do século dezenove

Eu conhecia a Kathryn vários anos antes de ela vir conversar comigo. Kathryn parecia ser uma mulher segura e trabalhadora, com uma fé firme. Mesmo sendo tímida, ela visivelmente fazia verdadeiros esforços para manter amizades em nossa igreja e na comunidade.

Quando começamos a conviver mais intimamente, eu me tornei ciente de problemas em sua vida que eu nunca havia suspeitado. Kathryn disse que estava se tornando cada vez mais temerosa e que estava preocupada de talvez estar desenvolvendo agorafobia. *Agorafobia* é o nome comumente dado a uma maneira de responder à vida que leva à fuga de certas atividades ou situações. Um agorafóbico procura evitar coisas como dirigir, ficar em uma fila, ir às compras ou participar de reuniões ou encontros sociais, e pode até se recusar a sair de casa.

À medida que Kathryn compartilhava sua história comigo, vi o quanto era difícil para ela admitir que estava com medo de fazer compras em um shopping local. A razão para o seu medo? Ela temia que se ela ficasse em um local muito longe de uma porta de saída, isso lhe pudesse causar náuseas e vômitos. O medo de Kathryn havia se tornado uma corda em volta do seu pescoço que se estreitava cada dia mais e a mantinha amarrada cada vez mais perto de sua casa. Kathryn estava experimentando a verdade das palavras de Spurgeon: "Nossos medos infundados são nossos principais algozes".[2]

Kathryn sabia que o seu medo não era razoável, especialmente porque o que ela temia – vomitar no shopping – nunca havia realmente acontecido. Sua confusão foi agravada pela culpa que sentia por estar causando problemas à sua família e, particularmente, ao seu marido. Ela também acreditava que seus medos irracionais eram pecaminosos, então, ela estava preocupada com a sua salvação e achava que era uma decepção para o Senhor.

O que estava acontecendo na vida de Kathryn? Será que ela tinha algum problema místico bizarro? Será que ela só precisava orar ou ler mais a Bíblia? Será que ela poderia encontrar, na Bíblia, respostas concretas para o seu problema? O que era exatamente essa emoção que parecia governá-la, e de onde vinham esses sentimentos?

Entendendo o Lado Físico do Medo

Nos próximos capítulos, olharemos mais profundamente para o medo, suas causas e consequências. Vamos considerar o que a

Bíblia diz sobre o motivo de nos tornarmos temerosas e como podemos superar os nossos medos. Mas, primeiro, vamos analisar o lado físico dessa emoção.³ Como todas as nossas emoções, o medo é experimentado tanto em nossa mente quanto em nosso corpo, causando reações físicas intensas.

Fisicamente, *o medo é uma reação ao perigo percebido.* Porque Deus nos amou, ele nos criou com a capacidade de respondermos rapidamente a situações de perigo. Aqui está um exemplo: imagine que você acabou de perceber que o seu carro parou em uma estrada de ferro. Você ouve um apito, levanta a cabeça e vê que um trem está se aproximando. Assim que esses fatos são registrados em seu cérebro, o seu corpo entra automaticamente em intensa atividade.

O seu cérebro recebe o aviso de que o perigo é iminente e ordena que o seu corpo libere rapidamente uma série de hormônios, incluindo a adrenalina. Uma vez que esses hormônios são liberados na corrente sanguínea, certas mudanças físicas acontecerão imediatamente. Seus músculos ficarão tensos para prepará-la para a ação. Sua frequência cardíaca e respiração serão aceleradas para lhe fornecer oxigênio e força extra. Mesmo a sua visão e audição se tornarão mais aguçadas. Seu pé, então, apertará o pedal do acelerador até o chão, e você se moverá mais rapidamente do que jamais imaginou ser possível. Todas essas mudanças acontecerão imediatamente, em um instante.

Sempre que nos encontramos confrontadas com o perigo, é fácil percebermos como a graça de Deus se revela até na forma como fomos criadas. Os atributos físicos que ajudam a nos proteger do perigo são verdadeiramente um bom presente, não são?

21

O projeto de Deus para o nosso corpo é incrível, como o Salmo 139.14 diz: "por modo assombrosamente maravilhoso me formaste". Deus nos presenteou com essas habilidades físicas para que pudéssemos sobreviver em um mundo, às vezes, perigoso.

Você notou que eu disse que o medo é uma reação a um perigo *percebido*. Eu propositadamente defini medo dessa forma porque às vezes nossas mentes percebem ou imaginam um perigo que não existe. Todo mundo já experimentou a sensação de acordar de um pesadelo com o coração batendo forte e a respiração acelerada. Nessas ocasiões, o perigo ao qual o nosso corpo está reagindo está inteiramente em nossa mente. Apesar disso, o nosso corpo reage como se tivéssemos enfrentado uma ameaça real. Como você pode ver, nossas mentes afetam os nossos corpos de formas muito poderosas – e Kathryn reconhecia isso.

O medo de Kathryn de que pudesse vomitar no shopping era irracional. Mesmo o seu medo sendo infundado, seu corpo não era capaz de diferenciar entre alarmes falsos e verdadeiros. Ele simplesmente respondia da maneira que era para ele responder. Não importava o fato de o perigo não ser legítimo. Sempre que ia ao shopping, ela tinha medo de experimentar todas as mudanças físicas que ela temia, e o seu medo a fazia sentir-se enjoada e a convencia de que, provavelmente, ela perderia o controle e constrangeria a sim mesma. Entende? Ela, na verdade, tinha medo de ficar com medo.

Não apenas o nosso corpo responde ao medo preparando-nos para *evitar* ou *atacar* o perigo; também há momentos em que a nossa química corporal nos influencia de formas mais sutis. Se estamos ocupadas com várias coisas ou se nos acostumamos a viver sob altos níveis de estresse, algumas vezes não notaremos as mudanças acontecerem. Não saberemos o que está se passando em nossos corpos até que algum incidente ocorra e torne isso evidente.

Ops! Perdoe-me, Minhas Ansiedades Estão Aparecendo
Meu marido Phil e eu vivemos em San Diego, Califórnia, uma cidade na fronteira dos Estados Unidos com o México. Fizemos muitas viagens para o México, e eu sempre temi a passagem da fronteira de volta para os Estados Unidos. Nessa fronteira mais atravessada do mundo, as filas são quase sempre longas, e a espera para chegar até o posto de controle é tediosa e desgastante.

Em uma ocasião específica, quando meu marido e eu estávamos atravessando de volta para os Estados Unidos, ambos tivemos uma grande surpresa. Parte da rotina dos policiais que ficam na fronteira é fazer duas perguntas aos viajantes: "Qual é a sua cidadania?" e "O que você está trazendo do México?". Phil e eu respondemos "americana" para a primeira pergunta, e então eu respondi "fruta" para a segunda. Você não pode imaginar o choque que tivemos com a minha resposta! A razão da minha resposta era porque *não* havíamos trazido nenhuma fruta do México, e sabíamos que trazer frutas pela fronteira era ilegal. Nós dois apenas ficamos lá, horrorizados, espantados e boquiabertos. Finalmente me recompus e disse: "Quero dizer... nada". Felizmente, o oficial apenas olhou para mim como se eu fosse louca e acenou para que passássemos. A caminho de casa, Phil ficou olhando para mim pelo canto do olho – acho que ele pensou que sabia onde estava o verdadeiro abacaxi!

Nesse incidente levemente cômico, eu não sabia o quão temerosa e estressada eu estava em relação a atravessar a fronteira até que minhas ações me tornaram consciente disso. Foi esse incidente que abriu meus olhos para o meu nervosismo desnecessário na fronteira e também para a minha cegueira em relação ao meu estado emocional verdadeiro.

O Círculo Vicioso

O medo não afeta apenas o seu corpo e o seu comportamento, mas o contrário também é verdadeiro. Se você for uma pessoa com uma predisposição a reagir de forma temerosa, você estará mais propensa a experimentar os sintomas físicos do medo se beber muita cafeína, comer muito açúcar, não se exercitar ou não descansar o suficiente.[4]

Se você geralmente se sente estressada com as suas responsabilidades ou temerosa com a sua vida, você não se sentirá confortável relaxando e, provavelmente, não reservará tempo para comer ou exercitar-se adequadamente. A incapacidade de relaxar ou dormir de maneira saudável aumentará a sua sensibilidade ao alarme e ao perigo, fazendo com que mais adrenalina seja liberada em seu corpo, o que, por sua vez, pode trazer ainda mais problemas para dormir. Beber cafeína para superar a sensação de cansaço e lentidão causada pela falta de sono simplesmente agravará o problema.

A partir dessa breve descrição, é possível enxergar a facilidade com que o medo pode iniciar um círculo vicioso de pensamentos descontrolados, respostas físicas, imaginações e cuidados negligenciados com o corpo que podem servir para trazer ainda mais medo e respostas físicas intensificadas. É fácil ver como os resultados do medo podem criar mais medos, levando à escravidão total.

O Medo é Habitual

Judith, uma mulher que lutava contra um medo habitual, trabalhava como assistente de enfermagem em uma casa de repouso local. Como Kathryn, ela tinha uma forte fé em Deus e queria agradá-lo. Ela veio falar comigo porque estava tendo problemas em seu trabalho. Ela descobriu que toda vez que entrava no quarto de um paciente gravemente doente, ela se sentia dominada pelo terror. Seu corpo reagia com sintomas como coração acelerado, dor no peito, falta de ar e fraqueza. Ela ficava aterrorizada com a possibilidade de desmaiar, assustar seus pacientes ou machucá-los de alguma maneira. Ela se sentia fora de controle e pensava que pudesse estar ficando louca. Eu poderia dizer que ela realmente gostava do seu trabalho, mas tinha medo de que tivesse que mudar de carreira. Na verdade, seus problemas com alguns pacientes se tornaram tão graves, que eles haviam criado ressentimentos com os outros auxiliares de enfermagem e conflitos com o supervisor dela.

Ao discutirmos sobre as suas dificuldades, ela disse que havia tentado superar seus medos orando todas as manhãs e pedindo a Deus para ajudá-la a não pensar sobre o seu medo. Ela não estava consciente de nenhum pensamento de medo que pudesse disparar seus sentimentos de pânico; parecia que eles simplesmente haviam vindo do nada.

O medo, como tudo na vida, pode se tornar habitual. Na verdade, ele pode se tornar um hábito tão arraigado que, de fato, parece que veio do nada. Pessoas que sofreram o que comumente chamamos de *ataques de pânico* relatam ocorrências repentinas de intensa ansiedade que não parecem ter qualquer fundamento em seus pensamentos. Essa experiência intensa pode parecer tão misteriosa e desconcertante que o medo dela pode facilmente se tornar um fator controlador na vida de um sofredor.

Deixe-me ilustrar como respostas emocionais podem se tornar habituais.[5] Pense sobre o processo de descer um lance de escadas. Quando você usa as escadas pela primeira vez, está consciente de cada passo e observa atentamente onde está pisando para não cair. Mas se as escadas se tornarem parte da sua rotina diária, você desenvolverá rapidamente o hábito de descer por elas sem pensar. Você pode até mesmo ser capaz de manter uma conversa ou ligar para alguém enquanto desce os degraus nos quais um dia teve que se concentrar. Às vezes, você nem mesmo estará consciente deles. Na verdade, se você for do tipo atlético, talvez você até pule dois ou três degraus de uma vez. Ou talvez você se sente no corrimão e deslize sobre ele apenas por diversão.

Agora, se na primeira tentativa de descer as escadas, você tivesse *imaginado* como seria saltar do topo até a parte inferior de uma só vez, então você provavelmente ficaria com medo e desenvolveria sentimentos de nervosismo à medida que efetivamente descesse. Se o seu medo persistir, ele pode se tornar habitual. Mesmo que em sua mente você saiba que o seu medo é irracional, ainda assim ele terá um efeito sobre você devido à forma como você permitiu que a sua percepção fosse influenciada pela sua imaginação.

Agora, um ataque de pânico é como saltar do topo da escada até o chão em nosso processo de pensamento. Ao invés de encararmos uma situação, degrau por degrau (como deve ser ao andar em uma escada), nós saltamos rapidamente de nosso pensamento inicial ao completo pânico.

Por exemplo, Judith ficou surpresa quando se lembrou de que a primeira vez que havia experimentado uma sensação de pânico foi quando tentara cuidar de seu pai cronicamente doente e demasiadamente exigente. Ela o amava e estava com medo de que pudesse desagradá-lo ou machucá-lo ao medicá-lo de forma errada. Quando criança, ela reagia com medo a situações que requeriam algum tipo de cuidado de sua parte. Quando refletiu sobre a sua infância, ela percebeu que havia se tornado uma enfermeira porque gostava de ajudar os outros, mas ela ainda nutria ansiedades quanto a cometer um erro ou ser desaprovada por outros. Ela não estava consciente de seus medos durante a sua adolescência ou anos universitários, mas quando voltou a cuidar de pessoas gravemente doentes, ela respondeu exatamente como fazia quando criança. Você pode ver como o medo de Judith, embora irracional, tinha sua base em um pensamento racional e em uma experiência?

Enquanto conversávamos, Judith lembrou-se de outra situação que parecia pertinente. Quando ela começou a trabalhar na casa de repouso, um de seus pacientes teve, subitamente, uma parada cardíaca. Judith lidou corretamente com a situação e notificou o seu supervisor, mas depois ela repassou o incidente vez após vez em sua mente. Ela foi assombrada por pensamentos como: "E se o homem tivesse morrido? E se o supervisor não pudesse ajudá-lo? Será que eu seria responsável pelo problema dele? Como eu poderia encarar a família de um paciente ou a mim mesma se um paciente morresse?". Essas questões, e outras como essas, atormentaram seus pensamentos por vários dias até o incidente desaparecer da sua memória. Foi só quando ela começou a lutar contra os ataques de pânico nos leitos de seus pacientes é que ela tomou conhecimento do poderoso efeito que essa experiência anterior havia tido sobre ela.

Pessoas que sofrem com ataques de pânico frequentemente relatam sensações semelhantes. Parece que, sem qualquer tipo de alarme ou premeditação, o corpo começa a bombear adrenalina. Isso é o que faz com que os ataques de pânico e certos tipos de fobias, como o medo de altura ou de espaços fechados, sejam tão difíceis de entender. A maioria dos que sofrem com isso não estão conscientes de quaisquer pensamentos que predispõem a sensação de medo. Ela simplesmente parece vir do nada. No entanto, ao invés de ser terrivelmente misteriosa, a verdade sobre os ataques de pânico e sobre os medos é realmente muito fácil de se entender. As pessoas os experimentam porque desenvolveram um hábito. Quando estão em qualquer situação, elas nem sequer precisam pensar sobre os seus medos – elas simplesmente reagem. A mente funciona de forma tão rápida e habitual que, mentalmente, essas pessoas saltam do degrau superior para o degrau inferior sem qualquer esforço. Isso, por sua vez, as leva a pensar que suas emoções estão fora de controle, ou que elas estão ficando loucas. Elas, então, começam a tentar evitar essas situações "fora de controle", o que permite que o hábito se torne cada vez mais paralisante.

Algumas pessoas lutam contra medos em situações sociais. Elas temem dizer ou fazer algo que pareça tolo e, então, elas evitam-nas. Outras têm medos em relação à doença ou morte, enquanto outras temem ter que falar com estranhos ou diante de um grande público. Algumas pessoas evitam relacionamentos íntimos, mesmo que estejam solitárias e desejem se casar, simplesmente porque estão com medo de cometer um erro ou de ser desapontadas. Existem diferentes formas de medo para diferentes situações na vida.

As Faces de Nossos Medos

Como você pode ver, a predisposição de uma pessoa ao medo pode ser causada por uma combinação de coisas. Em primeiro lugar, parece que algumas pessoas, devido à sua própria personalidade, estão mais inclinadas a isso do que outras. Nos próximos capítulos, veremos mais profundamente os fatores em nossa personalidade que nos tornam temerosas. Algumas pessoas também parecem ter corpos mais sensíveis que reagem de forma mais intensa ao medo, ou elas podem ser mais conscientes das mudanças que ocorrem em seus corpos.

A história pessoal também desempenha um papel significativo na capacidade de lidar com os problemas da vida. Se você cresceu com pais medrosos – uma mãe que estava sempre recuando diante das dificuldades da vida ou um pai que se omitiu – então é mais provável que você seja medrosa. Se você cresceu em uma casa onde havia muito abuso ou vergonha, ou onde você se sentia como se nunca pudesse agradar ninguém, você provavelmente lutará contra isso. Mas a sua história de infância não é a única história significativa que você tem. Você também tem suas experiências adultas que, em muitos casos, são mais significativas do que o que aconteceu quando você era mais jovem. Por exemplo, se você teve dificuldade para conseguir um emprego, quanto mais você for entrevistada sem sucesso, mais temerosa você se tornará em conhecer pessoas e tentar vender suas habilidades e, portanto, você terá mais problemas para encontrar trabalho.

Finalmente, somos todas um produto do modo como temos respondido à vida específica que Deus traçou para nós. Algumas das nossas respostas podem ter ocorrido em espírito de fé, enquanto outras fluíram da incredulidade. Como vamos observar nos próximos capítulos, a nossa relação com o Senhor, particularmente a nossa compreensão de quem ele é e o significado da sua palavra, fará toda a diferença na forma como lidamos com as situações da vida e com os nossos medos.

Nossa Herança Comum

A experiência humana do medo não é nenhuma novidade. Embora seja provavelmente mais discutido agora porque vivemos na era da informação, o medo existe desde o início dos tempos. À medida que progredirmos neste livro, nos aprofundaremos nas perspectivas da Bíblia sobre o medo, mas, por enquanto, vamos apenas observar o primeiro registro dele na Palavra de Deus.

Quando Deus criou a terra, o tipo de medo do qual estamos falando não existia. No Jardim do Éden, Adão e Eva estavam completamente seguros e livres de danos. Eles não temiam nenhum predador ou doenças. Todas as suas necessidades físicas estavam supridas. Eles amavam o seu Criador, um ao outro e o trabalho que Deus lhes havia designado para fazer. Eles provavelmente nem sabiam que tal coisa como o fim da vida era possível. Eles não se preocupavam com o que o amanhã traria. Eles estavam completamente seguros, alegres e repletos de louvor para com o seu Senhor. Então, o inconcebível aconteceu: eles pecaram. Primeiro Eva e, em seguida, Adão caíram na armadilha de Satanás e desobedeceram a Deus. O resultado imediato de sua desobediência foi medo e vergonha. Veja como a Bíblia descreve as consequências desse acontecimento terrível:

> Quando [Adão e Eva] ouviram a voz do SENHOR Deus, que andava no jardim pela viração do dia, esconderam-se da presença do SENHOR Deus, o homem e sua mulher, por entre as árvores do jardim. E chamou o SENHOR Deus ao homem e lhe perguntou: Onde estás? Ele respondeu: Ouvi a tua voz no jardim, e, porque estava nu, tive medo, e me escondi.
> Gênesis 3.8-10

A resposta inicial de Adão e Eva foi o medo, não foi? Eles estavam envergonhados e com medo, então eles se esconderam. Eles se sentiram vulneráveis e ficaram desconfortáveis com a possibilidade de serem vistos como estavam: nus. Eles não mais estimavam a livre e aberta comunhão que tinham com Deus. Eles não queriam que Deus os visse. Eles temiam seu descontentamento, e com razão. Eles haviam desobedecido a ele, e essa desobediência os levaria a sempre se esconderem, encobrirem-se e encolherem-se de medo servil diante dele. Nós, cujas vidas são constantemente caracterizadas pelo medo, não podemos nem imaginar a imensa tragédia da perda que eles sofreram; o relacionamento deles com o Criador e o relacionamento entre eles nunca mais seriam os mesmos. O pecado os devastou completamente... e essa devastação continua até hoje.

A Chave para a Libertação do Medo

À medida que este livro se desenrolar, você verá como o pecado é um fator significativo para o nosso medo. Eu imagino que esse possa ser um conceito novo ou até mesmo desconfortável para você. Talvez você pense que falar sobre pecado seja condenável ou indelicado. É verdade que o pecado, especialmente o nosso próprio, é difícil de se encarar. É assim comigo.

No entanto, eu não direcionarei os seus pensamentos para o seu pecado porque eu quero punir, condenar ou rejeitar você. Eu a direcionarei para lá porque é lá, *e somente lá*, que você descobrirá a verdade que a libertará. Eu creio que o Espírito Santo irá gentilmente convencê-la da sua necessidade de aproximar-se do seu Salvador, e à medida que ele fizer isso, você encontrará a ajuda e o descanso pelos quais anseia.

Meu desejo sincero é que este livro sirva como uma ferramenta que a atraia para perto daquele que ama você e que é o único que pode perdoá-la, transformá-la e restaurá-la. Então, não tenha medo de sair de trás desse arbusto e olhar profundamente para o seu próprio coração. Pode ser doloroso por um tempo, mas pela graça e misericórdia de Deus, valerá a pena. Olhe profundamente também para o coração daquele que tanto amou você, que caminhou para as garras da morte e para o punho de seu inimigo pelo seu bem. Amor como esse requer, apenas, confiança. Então, se os seus medos são reais ou imaginários – quer você esteja apenas começando a entendê-los ou esteja muito familiarizada com eles – você pode lançar-se sobre a misericórdia de Deus, aquele que ama você mais do que você poderia imaginar.

Para Reflexão

1 - Como você descreveria os tipos de medo que enfrenta?

2 - Quanta influência tem o "medo de ter medo" em sua vida?

3 - Como a sua história (como criança e adulta) influenciou sua propensão a ter medo?

4 - Você consegue pensar em alguma mudança que precisa fazer a fim de cuidar do seu corpo? Quais são alguns passos específicos que você pode dar?

5 - Escreva uma oração pedindo a Deus que lhe mostre a necessidade que você tem dele e que lhe conceda a esperança de que você realmente pode ser livre.

Heróis Bíblicos que Lutaram contra o Medo

"O medo é um inimigo mais perigoso do que aqueles que você teme..."[1]

– Thomas Watson
Autor e pastor puritano

Nós cristãos tendemos a falar muito sobre os heróis da fé da Bíblia. Nós olhamos, às vezes superficialmente, para as pessoas cujas histórias são escritas para nós e pensamos: *"Eles são tão valentes. Por que eu não posso ser como eles?"*. Suas vidas parecem ser tão livres do medo. Eles parecem permanecer fortes diante das circunstâncias difíceis. *"O que há de errado comigo?"*, pensamos. *"Se eu sou uma cristã, por que eu luto contra a ansiedade? Por que eu não sou como esses grandes heróis?"*.

É verdade que Deus tem trabalhado poderosamente na vida de pessoas através dos tempos. O capítulo 11 de Hebreus, o qual veremos mais de perto posteriormente, fala sobre a fé corajosa de homens como Moisés e mulheres como Sara. No entanto, se olharmos com mais cuidado, notaremos que muitos desses heróis passaram por grandes lutas contra o medo em algum momento.

Na verdade, foram essas lutas que os fizeram mais fortes ao longo da vida. O Senhor Jesus Cristo é o único que nunca sucumbiu ao temor pecaminoso, mesmo tendo sido tentado a fazê-lo da mesma maneira que nós somos hoje. Então, se quisermos procurar heróis da fé, nós teremos bastante dificuldade em encontrar mais do que um... mas esse 'um' é suficiente.

Exemplos de Medo na Bíblia

Neste capítulo, tomaremos algum tempo para nos aprofundarmos um pouco na história do medo, ou melhor, do *temor pecaminoso*, na Bíblia. Eu acho que você ficará surpreendida e confortada ao saber que muitos dos heróis com os quais você está familiarizada na Bíblia eram pessoas como você: eles lutaram contra o medo. Neste capítulo, não apenas veremos alguns desses indivíduos, mas também tentaremos discernir o que os motivou a agirem da maneira como agiram. Vamos começar pelo primeiro livro, Gênesis.

O Medo Original – Adão e Eva

Como aprendemos anteriormente, o medo foi introduzido pela primeira vez à experiência humana no Jardim. Adão e Eva haviam desfrutado de doce e confiante comunhão um com o outro e com o seu Criador. Então, eles pecaram. Foi por causa do pecado que cometeram – o relacionamento quebrado com Deus e entre si – que eles sentiram pela primeira vez as consequências do medo: mais medo, relacionamentos quebrados e vergonha.

Quando eles ouviram o Senhor vindo visitá-los no Jardim, eles se esconderam. Adão estava com medo de que Deus o visse como ele estava: exposto, vulnerável e pecador. O medo que Adão sentiu de Deus gerou mais e mais pensamentos ímpios a respeito de seu Criador em seu coração.

Mas, mesmo antes de Adão e Eva se esconderem de Deus, o medo já desempenhava o seu papel. O que levou Eva a desobedecer ao seu Senhor dessa forma? Nós não sabemos. Podemos supor que ela temia poder estar perdendo algo que seria benéfico para si. Ela pode ter duvidado da sabedoria e do amor de Deus. Ou ter ficado com medo de que precisasse de alguma coisa que Deus não lhe havia dado. É difícil entender por que ela se sentiu assim, mas a Bíblia diz, com certeza, que ela foi enganada (2 Coríntios 11.3).

Após pronunciar o juízo que Adão e Eva mereciam, Deus, misericordiosamente, os cobriu com peles de animais. Em seguida, ele os expulsou do Jardim. Nunca mais o homem conheceria o tipo de vida que havia conhecido; nunca mais ele seria completamente livre da vergonha, constrangimento, autoconsciência e medo.

Mas, graças a Deus, esse não é o fim da história. Como cristãos, Deus está nos restaurando para o mesmo tipo de comunhão e liberdade que Adão e Eva conheceram, primeiramente com ele e, depois, um com o outro. A morte de Jesus é o meio que Deus usou para quebrar os muros que nos separavam (Romanos 5.1). Embora nós nunca tenhamos o que eles tiveram, porque lutaremos sempre contra o nosso pecado, ainda podemos conhecer uma enorme alegria e paz.

Com Medo do Perigo – Abraão

Anteriormente, mencionei que até mesmo os grandes heróis da Bíblia experimentaram o medo e suas consequências. Alguns capítulos depois de Adão e Eva, encontramos Abraão, um homem frequentemente tomado como um exemplo de alguém com grande fé. Em certos momentos, vemos Abraão muito bem: abandonando a sua terra de bom grado e obedientemente viajando para uma terra desconhecida; levantando sacrificialmente a faca que tiraria a vida de seu filho prometido, Isaque. Sim, realmente há vitórias significativas na vida de Abraão, não é mesmo?

Mas depois vemos um outro lado dele. Talvez esse seja o lado de Abraão com o qual você mais se identifique. Em duas ocasiões durante suas viagens, uma vez para o Egito e outra vez para uma terra chamada Gerar, Abraão mentiu para homens poderosos sobre Sara, sua bela esposa. Ele disse a esses homens que ela era sua irmã. Por quê? Porque ele achava que, se os reis dessas terras a vissem e soubessem que ela era sua esposa, eles o matariam para que pudessem tomá-la para si. Para ser franca, ele queria salvar a própria pele.

Abraão sabia que Sara seria a mãe do povo escolhido de Deus, mas ele ignorou os planos de Deus e a colocou em perigo. Foi apenas devido à graça restritiva de Deus que ela não acabou em um harém.[2] Por causa de seu medo, ele pecou contra a sua esposa, enganou governantes, foi uma fonte de problemas para eles e, acima de tudo, desonrou a Deus. O medo de Abraão era lógico? Sim, provavelmente. Era pecaminoso? Sim, sem dúvida. Deus ainda foi capaz de usá-lo e transformá-lo em um homem de fé? Sim, e ele pode fazer o mesmo com qualquer uma de nós.

Medo Causado pela Dúvida – Sara

Em 1 Pedro, as mulheres são orientadas a seguirem os passos da esposa de Abraão, Sara. De certa forma, ela era um modelo para mulheres piedosas: ela seguiu seu marido, deixou sua casa e partiu para uma terra de promessas – uma terra que ela nunca havia visto.

Mas Sara lutou contra os seus próprios medos. Seu marido lhe contara a respeito da promessa de Deus de que teriam um filho e, à medida que os anos se passavam e ela permanecia estéril, ela se tornava mais e mais temerosa. Seu relógio biológico não estava apenas avançado; ele já havia parado. A Bíblia diz que o seu ventre "estava morto". E assim, por medo, ela decidiu resolver o problema por si mesma. Abraão precisava de um herdeiro; ela ansiava por um filho, então ela armou um esquema: deu sua serva Agar ao seu marido para que ele pudesse engravidá-la e cumprir a promessa. Que turbilhão de problemas suas ações geraram! Na verdade, o problema entre os filhos de Israel e os filhos de Agar, que começou com o nascimento de Ismael, permaneceu durante séculos.

Depois, o Senhor foi visitar Abraão. "Dentro de um ano, eu visitarei você, e sua esposa terá um filho", disse ele. Sara, que estava bisbilhotando por trás de uma cortina da tenda, riu-se no seu íntimo. Esse não era um riso de alegria ou júbilo, era um riso de descrença e cinismo. O Senhor confrontou o seu riso de incredulidade e disse: "Acaso, para o SENHOR há coisa demasiadamente difícil?". Mas Sara negou que havia rido, dizendo: "Eu não ri". Por quê? Porque ela tinha medo (Gênesis 18.10-15).

Abraão e Sara são apontados na Escritura como exemplos de pessoas de fé. Você consegue perceber como em si mesmos, em seu próprio poder, eles não eram realmente tão excelentes exemplos assim? O que, então, os torna exemplos de fé? A graça de Deus. *Graça* é o favor imerecido de Deus sobre os seus filhos apesar de seus defeitos. Nós analisaremos mais profundamente o papel da graça na superação dos medos no capítulo 11, mas, por agora, eu apenas quero que você tenha uma ideia de quão forte e amoroso Deus é. Ele trabalhou de forma poderosa por meio de Abraão e Sara, a despeito de suas fraquezas, e ele pode fazer o mesmo através de você e de mim.

"Eu Não Sou Bom o Suficiente" – Moisés

A história de Moisés é uma história bem conhecida para a maioria das pessoas. Ele foi salvo pela filha de Faraó de afogar-se e foi criado por ela no palácio como seu filho. Mas, quando Deus começou a falar-lhe sobre a libertação de seu povo, Moisés resolveu o assunto com as próprias mãos e matou um egípcio que estava oprimindo um de seus irmãos israelitas.

Moisés, então, teve que fugir para o deserto a fim de proteger a própria vida. Anos se passaram, e, com o tempo, os sonhos de Moisés de ser um libertador desapareceram. Então, ele teve um encontro com uma sarça ardente. À medida que Deus traçava seu plano para a libertação de seu povo, Moisés tornou-se cada vez mais temeroso. Certamente a ideia de voltar à nação mais poderosa do mundo, exigindo a libertação de escravos seria intimidadora. À medida que Moisés considerava o chamado de Deus, sua mente se enchia de medos – principalmente medo de que fosse malsucedido ou de que não fosse capaz de completar a tarefa. Reflita sobre o que ele disse a Deus e veja se as preocupações dele ecoam em seu coração.

- "Então, disse Moisés a Deus: Quem sou eu para ir a Faraó e tirar do Egito os filhos de Israel?" (Êxodo 3.11)
- "Respondeu Moisés: Mas eis que não crerão, nem acudirão à minha voz, pois dirão: O SENHOR não te apareceu" (Êxodo 4.1).
- "Então, disse Moisés ao SENHOR: Ah! Senhor! Eu nunca fui eloquente, nem outrora, nem depois que falaste a teu servo; pois sou pesado de boca e pesado de língua" (Êxodo 4.10).
- "Ele, porém, respondeu: Ah! Senhor! Envia aquele que hás de enviar, menos a mim" (Êxodo 4.13).

Confiando em Deus, Não em Si Mesma

Eu realmente consigo me identificar com o medo de Moisés. Você também não consegue? *"Eu não posso fazer isso... eu não sou boa em falar em público... mas, e se eles não acreditarem em mim."* Você não consegue imaginar isso perfeitamente? Eu consigo. Na verdade, eu acho que já tive esse tipo de conversa com o Senhor. Durante todo o tempo, Deus estava encorajando Moisés. Ele o assegurou de sua presença e de seu poder para realizar a sua vontade. Mas tudo o que Moisés conseguia ver era a sua própria inadequação, medo e incredulidade.

Note que Deus não gastou tempo tentando aumentar a *autoconfiança* de Moisés. Pelo contrário, Deus continuou lembrando-o de que ele deveria colocar a sua confiança nele. Sempre que gastamos tempo tentando nos convencer de que somos muito melhores, mais fortes ou mais sábias do que sabemos que somos, estamos fadadas ao fracasso. Deus não quer que cresçamos em autoconfiança. Ele deseja que coloquemos toda a nossa confiança nele. Afinal, ele é o único que é poderoso o suficiente para vencer os faraós em nossas vidas.

Quando Moisés cresceu em sua confiança no Senhor, Deus o usou para realizar uma grande libertação. Na verdade, Moisés é conhecido hoje como um dos maiores líderes da história bíblica. Mas isso não se deve ao fato de ele ter sido um homem muito corajoso em si mesmo, não é? Foi apenas por causa do grande poder e determinação de Deus em cumprir o seu propósito. E, o que Deus fez por Moisés, ele pode fazer por você. Você pode descansar no conhecimento de que se Deus está chamando você para fazer alguma coisa, mesmo que seja apenas para ser corajosa o suficiente para ir à igreja e falar com as pessoas, então a sua graça será eficaz em sua vida também.

O Tipo Errado de Temor de Deus

Os filhos de Israel haviam sido escravos no Egito por cerca de 400 anos, quando Moisés os conduziu para fora do cativeiro em uma viagem pelo deserto que os levaria para a Terra Prometida. Três meses depois, Deus disse para Moisés avisar ao povo que se encontraria com eles. Moisés falou-lhes sobre os limites que tinham que respeitar porque a grandiosa presença de Deus se aproximaria deles. Eles alegremente concordaram em se encontrar com Deus.

Mas quando realmente viram a manifestação de Deus tão próxima, eles ficaram aterrorizados.

Todo o povo presenciou os trovões, e os relâmpagos, e o clangor da trombeta, e o monte fumegante; e o povo, observando, se estremeceu e ficou de longe. Disseram a Moisés: Fala-nos tu, e te ouviremos; porém não fale Deus conosco, para que não morramos. Respondeu Moisés ao povo: Não temais; Deus veio para vos provar e para que o seu temor esteja diante de vós, a fim de que não pequeis (Êxodo 20.18-21).

Não é interessante que Moisés é aquele que diz ao povo para não ter medo? A graça de Deus havia trabalhado poderosamente em seu coração, não é mesmo? Se você usar a sua imaginação, não terá muita dificuldade para entender por que os israelitas reagiram da forma como o fizeram. Seus sentidos estavam sendo sobrecarregados pelos trovões, relâmpagos, trombetas, fumaça e o chão estremecendo sob os seus pés. Se eu tivesse sido um deles, eu provavelmente teria saído dali bem depressa também. As pessoas tinham medo de Deus e decidiram que seria melhor deixar Moisés lidar com ele sozinho. Então Moisés poderia simplesmente fazer um relato para eles depois. Esse Deus, Jeová, era um pouco assustador e incontrolável demais para eles. Como o escritor C. S. Lewis disse sobre o leão Aslam, que representa Jesus Cristo na série de livros *As Crônicas de Nárnia*: "Ele não é um leão domesticado".[3] Esse temor servil que eles sentiram em relação a Deus só geraria mais medo, pecado e afastamento dele. Seria a fonte de sofrimentos e fracassos multiplicados.

No capítulo 9, falarei sobre o tipo certo de temor de Deus – o tipo de temor que nos atrai para ele em vez de nos afastar dele. O que chamaremos de *temor piedoso* é ordenado na Bíblia em muitas passagens, como veremos. O temor piedoso é também um dos principais passos para se vencer o que chamaremos, a partir de agora, de *temor pecaminoso*. Por favor, lembre-se de que ao chamarmos o nosso temor de *pecaminoso*, eu não estou condenando você. Em vez disso, eu estou tentando ajudá-la a ver claramente o plano de Deus para mudá-la e libertá-la. Essa mudança começa com o reconhecimento da sua necessidade por um Salvador... e nenhum de nós realmente faz isso até vermos que somos pecadores, necessitados de perdão e graça.

Ajudá-la a enxergar o pecado do seu medo pode parecer uma coisa cruel a se fazer. Afinal, você provavelmente não acha que precisa de algo mais para ter medo! Será que agora você deveria temer a ira ou a desaprovação de Deus, além de todos os seus outros medos? Um dos objetivos deste livro é ajudá-la a diferenciar entre o temor que é bom ou piedoso e o temor que é ruim ou pecaminoso. Eu quero encorajar o bom tipo de temor em você – você aprenderá que é esse tipo de temor, juntamente com amor e graça, que desatará as amarras que a prendem tão fortemente hoje. Então, por favor, não tenha medo de olhar para o seu temor pecaminoso, porque é fazendo assim que você encontrará a forte e amorosa ajuda de que precisa.

"Temi o Povo" – Saul

Durante o período inicial da história da nação de Israel, um homem chamado Saul se tornou o primeiro rei. Desde o início, a vida de Saul foi marcada pelo medo. Quando Samuel, o sacerdote, foi pela primeira vez ungir Saul como rei, você consegue adivinhar onde ele estava? Será que Saul estava em oração, humilhando-se diante de Deus? Será que ele estava servindo o povo que ele lideraria? Não, Samuel encontrou Saul escondendo-se, com medo, entre alguns carros e carroças.

Saul estava com medo de fazer o que Deus o havia chamado para fazer. Ele não se sentia à altura da tarefa. Certamente, assumir uma posição de grande responsabilidade pode ser intimidador. Mas Saul havia se encontrado com Deus. Samuel também havia dito a Saul que essa era a vontade de Deus... e, ainda assim, Saul se escondeu. Talvez, como Adão, ele pensou tolamente que poderia se esconder de Deus e ignorar o seu plano.

Mais tarde, quando Saul foi para a guerra contra os inimigos de Deus, ele cedeu novamente ao seu temor pecaminoso. Em uma ocasião, ele ficou ansioso quando Samuel não chegou para oferecer orações e sacrifícios pela vitória do povo na batalha, então ele quebrou a lei de Deus e ofereceu ele mesmo os sacrifícios. Em outra ocasião, quando ele deveria matar todos os inimigos de Deus, incluindo o gado, ele desobedeceu a Deus porque ele temia o descontentamento dos israelitas. Aqui está como ele justificou a si mesmo quando Samuel o confrontou:

+ "Vendo que o povo se ia espalhando daqui... forçado pelas circunstâncias, ofereci holocaustos" (1 Samuel 13.11-12).
+ "Pequei, pois transgredi o mandamento do SENHOR e as tuas palavras; *porque temi o povo* e dei ouvidos à sua voz" (1 Samuel 15.24, grifo da autora).

Saul desobedeceu duas vezes às ordens de Deus porque estava com medo do povo. Ao ceder aos seus medos, Saul estava revelando os seus verdadeiros pensamentos sobre Deus – se poderia confiar nele, obedecê-lo e depender dele. Saul nunca teria dito que achava Deus mentiroso ou não confiável; não, ele apenas agiu assim. O relato da vida de Saul é uma das histórias mais tristes de toda a Bíblia. No final, ele se suicidou porque temia o que os seus inimigos poderiam fazer contra ele.

Saul lutou contra muitos medos diferentes, mas principalmente contra o *temor de homem*. Esse medo é um problema muito comum a quase todos. É a razão pela qual nós temos um frio na barriga quando precisamos falar na frente de uma multidão. É por isso que nossas mãos suam e nossa boca fica seca. É por isso que eu esqueci minhas falas e envergonhei meus colegas. O temor de homem é um problema comum enfrentado por muitos, inclusive muitas pessoas na Bíblia. Vamos tomar um momento para vermos outro exemplo, que envolve o apóstolo Pedro.

"Jesus?... Eu Não Conheço Esse Homem!" – *Pedro*

De todos os personagens do Novo Testamento, Pedro é aquele com quem eu mais me identifico. Sempre pronto para apresentar a sua opinião, falar antes de pensar e confiante sobre a sua fidelidade, eu consigo ver que somos farinha do mesmo saco. Ele cometeu muitos erros, mas houve um incidente em particular que provavelmente nunca tenha deixado de entristecê-lo quando ele o recordava.

Jesus estava se tornando cada vez mais popular entre as multidões. Parecia que elas o amavam tanto que fariam dele seu rei. Por outro lado, os líderes religiosos de Israel estavam se tornando cada vez mais firmes em seu ódio e inveja por ele. Eles estavam determinados a matar Jesus – tudo o que tinham que fazer era encontrar uma maneira.

Na noite em que foi traído, Jesus e seus amigos estavam indo orar no Jardim do Getsêmani. "Esta noite, todos vós vos escandalizareis comigo", disse ele. Pedro, com seu jeito típico, protestou: "Ainda que venhas a ser um tropeço para todos, nunca o serás para mim... Ainda que me seja necessário morrer contigo, de nenhum modo te negarei", afirmou (Mateus 26.33,35).

Nós todas sabemos como essa história se desenrolou, não é mesmo? Naquela noite, Jesus foi preso e levado para a casa do sumo sacerdote para interrogação. Enquanto Pedro tentava se manter aquecido pelas fogueiras do lado de fora, uma criada o acusou de ser um dos seguidores de Jesus. Tomado pelo medo, Pedro disse: "Não sei o que dizes". Mais tarde, outra criada disse: "Este também estava com Jesus, o Nazareno", e dessa vez ele negou com um juramento – "Não conheço tal homem". Um pouco mais tarde, um grupo de espectadores veio até ele, dizendo: "Verdadeiramente, és também um deles, porque o teu modo de falar o denuncia" (Mateus 26.73). Dessa vez, Pedro estava determinado a parar com o questionamento, então ele "começou a praguejar e a jurar: Não conheço esse homem!" (Mateus 26.74). O medo de Pedro foi tão forte que o fez negar o Salvador que amava.

A escuridão daquela noite e o seu fracasso, sem dúvida, espalharam a tristeza como uma mortalha sobre o coração de Pedro por três dias até ele ouvir sobre a ressurreição. Você pode imaginar o tormento de sua alma ao recordar a bondade de seu senhor e a vergonha de seus atos temerosos? Você pode imaginar quantas vezes ele deve ter ensaiado suas palavras covardes em sua mente – *Eu não conheço esse homem! Eu não conheço esse homem!* E depois houve o olhar entre ele e Jesus após a terceira negação. A Bíblia registra essa troca de olhar expressiva de forma muito simples: "Voltando-se o Senhor, fixou os olhos em Pedro" (Lucas 22.61). Pedro experimentou toda força das consequências do seu medo e, se não fosse pela ressurreição, perdão e restauração de Jesus, ele nunca teria se recuperado. Mas ele se recuperou, continuou a pregar diante de milhares de pessoas e enfrentou morte de mártir com grande coragem. O que poderia mudar um homem medroso e que pragueja em um homem que podia descansar, confiar e agir com grande heroísmo? Apenas um relacionamento com o Deus vivo.

Você consegue enxergar que nós somos como Pedro e Saul? Por um lado, sabemos que Deus é poderoso e cheio de amor por nós, mas, por outro, frequentemente nos encontramos tomadas pelo medo daqueles que nos rodeiam. Parece que, nessa área em particular, estamos cheias de contradições. Podemos negligenciar oportunidades de testemunhar a outros ou nos tornar mais preocupadas com o que os nossos colegas de trabalho pensam do que com o que Deus pensa. Todo cristão verdadeiro anseia por irradiar luz diante dos outros, mas quando se trata de realmente sermos luz, frequentemente nos escondemos como Saul ou negamos que sequer conhecemos o Senhor, como Pedro. Visto que o temor de homem é uma armadilha tão comum e dolorosa, vamos analisá-lo no capítulo 5.

De Covardes Relutantes a Heróis Fiéis

Como você pode ver, até os grandes heróis bíblicos como Abraão, Moisés e Pedro não foram sempre marcados por grande bravura. Mas eu não estou dizendo que todo o povo de Deus foi sempre vencido por seus medos – existem muitos Daniéis, Sadraques, Marias e Paulos na Escritura para nos mostrarem que Deus pode mudar corações e vidas. Você pode se alegrar nisso. Mas você também pode se consolar com o fato de que Deus ama chamar o coração temeroso para si. Deus tem trabalhado na vida de seus filhos de forma consistente ao longo da história: ele lhes trouxe paz em meio a tempestades violentas, coragem ao confrontar inimigos esmagadoramente poderosos e confiança diante de acusações e perseguições. Ele os ajudou a comparecerem diante de juízes e reis hostis. Ele lhes deu a ousadia sobrenatural para "fecharem as bocas dos leões". Se ele é capaz de ajudar seus filhos nas circunstâncias extraordinariamente difíceis descritas na Bíblia, ele pode lhe dar tranquilidade e alegria à medida que você enfrenta as pressões do dia a dia que ameaçam oprimi-la.

Por que Deus tem prazer em nos ajudar a nos tornar filhas confiantes, cheias de paz e ousadia, filhas que se apoiam em sua força? Porque quando ele transforma corações como os nossos em corações como o dele, ele recebe louvor e glória. Quando descobrimos que somos capazes de caminhar pacificamente através das condições que anteriormente nos aterrorizavam, nosso coração transborda de gratidão e ações de graças – e isso traz alegria a Deus. Somente ele pode mudar corações que são frequentemente tomados pelo medo em corações que são inundados por seu poder e bravura, e ele se agrada em fazer assim.

Para Reflexão

1 - De que maneiras você se identifica com Adão e Eva, Abraão e Sara, Moisés, os israelitas, Saul e Pedro?

2 - De que formas você é ajudada ao saber que pessoas bem conhecidas da Bíblia lutaram contra as mesmas coisas que você?

3 - Você acredita que é possível para Deus mudá-la da mesma maneira que ele mudou outros?

4 - Quais são os medos que você tem em relação à obra de Deus na sua vida?

5 - Por quais mudanças você pode orar hoje?

Substituindo o Seu Medo pelo Poder de Deus

"A vara de Deus não nos fere tão profundamente quanto a vara da nossa própria imaginação..."[1]
– Charles H. Spurgeon

Como diretora de operações de uma empresa de médio porte, era responsabilidade de Gina supervisionar grande parte das relações diárias entre seus funcionários e os clientes de sua empresa. Gina havia trabalhado arduamente para alcançar sua posição de autoridade. Ela havia posto de lado o desejo de ter uma família para fazer o mestrado e avançar em sua carreira. Havia, ainda, aperfeiçoado suas habilidades de falar em público a um nível elevado.

Mas Gina tinha um problema. Mesmo sabendo que uma boa gestão envolvia delegação e confiança nos outros, ela achava cada vez mais difícil "se desapegar". Uma vez que ela sentia que não podia confiar em outras pessoas para fazerem o que ela queria que eles fizessem, ela estava com excesso de trabalho, estressada e se sentindo desvalorizada. Mesmo reconhecendo que estava cercada por trabalhadores capacitados, ela simplesmente não sentia que podia confiar neles. Ela tinha medo de que, se ela não supervisionasse cada mínimo detalhe de seu negócio, ele seria um fracasso, e isso significaria que ela também era um fracasso.

Seu medo também a levou a responder defensivamente sempre que qualquer um de seus subordinados sugeria novas maneiras de lidar com o negócio. Então, quando alguém lhe mostrava que ela estava sendo defensiva, ela reagia tornando-se mais defensiva e irada. Apesar de ter muitos amigos na empresa, ela foi ficando cada vez mais isolada, porque quando seus funcionários viam o problema e falavam com ela sobre ele, ela os acusava de deslealdade e tentava afastá-los.

Muitas vezes ela não conseguia dormir à noite, porque imaginava o quanto os outros, provavelmente, não gostavam dela e a traíam. Sua mente pintava imagens sombrias de uma vida sem emprego, da vergonha de ser demitida, de se tornar uma "mendiga" sem amigos. O problema atingiu um ponto crítico quando seus supervisores imediatos lhe disseram que ela teria que mudar ou sofrer as consequências. Ela orou fervorosamente sobre o seu problema, mas parecia que, cada vez que ela se sentia determinada a melhorar, ela se encontrava no banheiro feminino falando mal de qualquer um que a tivesse criticado para quem quisesse ouvir. As coisas estavam fora de controle, e ela foi se tornando mais e mais temerosa de que seu emprego estivesse em perigo.

Como cristã, Gina pensou que pudesse ter algum tipo de problema espiritual, mas ela simplesmente não conseguia descobrir o que era. O que estava acontecendo em sua vida? Por que ela escolhia lidar com as pessoas, até mesmo pessoas que ela apreciava e valorizava, de forma negativa? Havia alguma esperança para ela?

Gina não é a única pessoa que já lutou contra o medo no trabalho. Seu medo brotava do desejo de se sentir no controle. Sentir necessidade de controlar os outros é algo contra o qual muitas pessoas lutam, especialmente as pessoas que são competentes e ambiciosas. Algumas pessoas podem se inclinar mais para esse tipo de medo porque elas aprenderam, quando crianças, que nunca podiam confiar em ninguém além de si mesmas. Outras podem ter uma opinião muito elevada de si mesmas, pensando que todo o resto é incompetente. Independente da história ou da razão, você sabe se é uma pessoa que se enquadra nessa categoria e sabe o estresse e a destruição que esse desejo traz.

No capítulo 4, veremos mais a fundo os problemas que uma pessoa controladora enfrenta. Mas, por enquanto, vamos apenas dizer que o desejo de estar no controle é algo que se pode encontrar em pessoas de todos os lugares e de todos os níveis sociais, e dá origem a muito medo.

A vida certamente seria mais fácil se os nossos medos permanecessem isolados em certas áreas da nossa vida, não é? Por exemplo, Gina teria ficado feliz se pudesse excluir seus medos do local de trabalho. Outros ficariam felizes se pudessem simplesmente ir até o mercado sem ter que enfrentar o pânico e a ansiedade. Infelizmente, o medo (como outras emoções) não é facilmente limitado a uma área específica. E o povo de Deus, como já vimos, é passível de viver lutas muito reais contra o medo. Na verdade, até mesmo pastores e líderes no ministério lutam contra o medo em seus púlpitos e em suas relações com os membros da igreja. Considere o exemplo de Timóteo.

Timóteo era um jovem discípulo na igreja primitiva. Filho de pai grego e mãe judia que havia se tornado cristã, Timóteo provavelmente havia sido alcançado por Cristo por meio do ministério de Paulo. Ele acompanhou Paulo em uma série de esforços missionários e era altamente elogiado por ele. Ele era conhecido como um homem de lealdade, sensibilidade e zelo. Mas também era um homem que lutava contra o medo.

Em duas ocasiões diferentes, Paulo aborda especificamente a luta de Timóteo contra o medo. A primeira é mencionada em 1 Coríntios 16.10, onde Paulo diz aos cristãos de Corinto para cuidarem de Timóteo, a fim de que não tenha "nada que temer" (NVI). A segunda aparece no livro de 2 Timóteo, onde Paulo escreveu: "Torno a lembrar-lhe que mantenha viva a chama do dom de Deus que está em você... Pois Deus *não nos deu espírito de covardia*" (2 Timóteo 1.6-7 NVI, grifo da autora).

Não é muito difícil de perceber que Timóteo lutou contra o medo, ou que Paulo, seu amoroso pai na fé, estava preocupado sobre como isso afetava a vida e o ministério de Timóteo. Mais tarde, na mesma carta, Paulo encorajou Timóteo a fortificar-se "na graça que está em Cristo Jesus" (2 Timóteo 2.1).

A Presença Transformadora de Deus

Neste capítulo, veremos mais de perto o conselho de Paulo a Timóteo. Veremos como Deus operou em sua vida, preenchendo-o com sua força capacitadora em três áreas específicas: poder, amor e moderação (ou uma mente sã). Paulo sabia que Timóteo precisava focar na eficácia da presença de Deus em sua vida... e assim também nós. Aqui está o que Paulo disse:

> Por esta razão, pois, te admoesto que reavives o dom de Deus que há em ti pela imposição das minhas mãos. Porque Deus não nos tem dado espírito de covardia, mas de poder, de amor e de moderação.
>
> 2 Timóteo 1.6-7

Paulo queria lembrar Timóteo a respeito do que Deus havia graciosamente dado a ele. Ele havia sido presenteado com o "dom de Deus". Esse dom o capacitava a cumprir a vontade de Deus em sua vida. *Bem, você pode estar pensando, se o apóstolo Paulo tivesse orado especificamente por mim, eu não teria medo também.* É verdade que nenhum de nós teve a experiência pessoal que Timóteo teve com o grande apóstolo, mas nós temos algo muito melhor. Nós temos as orações do Filho de Deus: "Por isso, também pode salvar totalmente os que por ele se chegam a Deus, vivendo sempre para interceder por eles" (Hebreus 7.25).

Veja, o Senhor Jesus está orando por você mesmo agora enquanto você lê este livro. Ele graciosamente a capacitou para cumprir o ministério para o qual a chamou, exatamente da mesma maneira que ele capacitou o jovem Timóteo. Você talvez não seja chamada para o ministério de tempo integral ou para a liderança da igreja, mas seja qual for o seu chamado, quer seja de ser mãe, estudante ou executiva, *ele lhe deu tudo de que precisa para cumpri-lo.*

Nessa capacitação, o Senhor não colocou em seu coração uma atitude de covardia ou timidez. Não, se você é cristã, ele habita em você com o seu Espírito: seu *poder*, seu *amor*, sua *moderação para ter uma mente sã*. É por causa do caráter de Deus que habita em nós que Timóteo, você e eu podemos cumprir o seu chamado em nossas vidas.

Vejamos agora como o poder, o amor e uma mente sã lutam contra o medo, e como podemos reavivar de novo o dom de Deus em nós.

O Poder Dinâmico de Deus

Deus havia dado a Timóteo o poder e a coragem para encarar as dificuldades e os perigos que ele teria que enfrentar. Ele tinha dentro de si o poder de resistir às provações e triunfar nas perseguições. Ele tinha esse poder porque nele habitava o Espírito de poder – o Espírito do Deus que tinha dado toda a autoridade e poder a Ele.

Esse poder ou capacidade de resistir diante de problemas e tribulações faz parte do dom gracioso de Deus a seus filhos. Isso porque posicionar-se por justiça e verdade é algo que todo o cristão é chamado a fazer. Assim, mesmo que você possa se sentir fraca e com medo, a verdade é que Aquele que tem todo o poder colocou o seu poder disponível para você.

Algumas pessoas ensinam que o caminho para superar o medo é confiar em si mesma ou construir a sua própria autoconfiança. Mas Deus não quer que você coloque a sua confiança em seus próprios poderes ou habilidades. É bastante óbvio que, mesmo quando estamos mais fortes, não somos poderosas o suficiente, não é? *Deus quer que você coloque a sua confiança no poder dele.* Paulo ensinou aos cristãos de Corinto que a fé deles precisava descansar no poder de Deus (1 Coríntios 2.5).

Vamos ver por um momento como o Espírito de Deus já é poderoso em nossas vidas:

* Ele é mais poderoso do que qualquer poder demoníaco (Mateus 12.28).
* Ele é poderoso o suficiente para criar uma nova vida dentro de você (João 6.63).
* O Espírito de Deus é um auxiliador eternamente permanente (João 14.16).
* Ele a ensinará e a lembrará das palavras de Jesus (João 14.26).
* Ele dá vida a seus corpos mortais (Romanos 8.11).
* Ele a guia e a permite saber com certeza que você é filha de Deus (Romanos 8.14-15).
* Ele garante que você é herdeira de Deus (Romanos 8.16-17).
* O Espírito a ajuda em sua fraqueza, orando por você (Romanos 8.26-27).
* Ele é poderoso o suficiente para vencer suas dúvidas e ajudá-la a ser rica em esperança (Romanos 15.13).
* O forte amor dele fará com que você se curve diante do Senhorio de Jesus (1 Coríntios 12.3).
* Ele dá dons que a preparam para a obra que Deus planejou para você (1 Coríntios 12.4).

- Ele a ajuda a compreender o que Deus tem dado gratuitamente a você (1 Coríntios 2.10-12).
- Ele é poderoso o suficiente para transformá-la em uma pessoa cheia de amor, alegria, paz, longanimidade, benignidade, bondade, fidelidade, mansidão e domínio próprio (Gálatas 5.22-23).

O Poder de Deus para Vencer o Pecado

O Espírito Santo vive em todos os filhos de Deus e é poderoso o suficiente para realizar o impossível em nossas vidas. É esse poder interior que lhe permite vencer seus temores pecaminosos. Romanos 8.13 ensina que é por esse mesmo Espírito que você pode mortificar as obras do corpo.[2]

Por si mesma, por sua própria força, você nunca será capaz de vencer o seu temor pecaminoso. Isso porque ninguém é verdadeiramente capaz de mudar a inclinação de sua própria natureza. Claro, podemos ter mudanças externas: podemos perder peso ou aprender a nadar, mas a mudança no coração é algo que somente o Espírito Santo pode realizar. O tipo de mudança de que precisamos — mudanças que nos libertarão do pecado — vem apenas de um lugar: do Espírito Santo. Mas não se desespere. Se você é cristã, o poder dele está disponível para você hoje.

Vencendo Imaginações Temerosas

Enquanto dirigia na rodovia a caminho da igreja, eu lutei contra um medo que muitas avós conhecem. Minha filha estava prestes a dar à luz ao nosso primeiro neto, e na minha imaginação ela havia morrido no parto. Na verdade, não apenas ela havia morrido, mas o nosso neto havia morrido com ela, e eu os imaginei deitados juntos em um caixão. Eu não tinha nenhuma razão lógica para ter esses pensamentos, pois a minha filha e o seu bebê estavam bem, mas essa imaginação era tão real em minha mente que era como se tivesse realmente acontecido. Eu chorei. Tentei imaginar a vida depois dessa tragédia. *Como eu poderia seguir em frente?* Eu pensei que eu deveria dar meia volta com o carro e ir para casa porque eu certamente não poderia ir à igreja nessa condição. Então, o Espírito Santo me condenou: *O que eu estava fazendo?* Eu estava permitindo que a minha imaginação me amedrontasse e aterrorizasse. Eu soube imediatamente que o que eu estava fazendo era errado, então pedi perdão a Deus. Orei:

> *Deus, somente Tu sabes o que acontecerá no meu futuro. Tu tens a minha vida em tuas mãos. Eu sei que Tu não prometeste que eu nunca sofreria perdas, mas Tu prometeste me levantar se, em teu plano amoroso, eu sofrer. Por favor, ajude-me a alegrar--me em Ti e a colocar toda a minha confiança em Ti. Amém.*

Depois disso, eu coloquei um louvor e concentrei meus pensamentos e a minha imaginação em adorar e bendizer a Deus. Eu estava pronta para ir à igreja.

Sabe, o problema relativo aos medos que existem apenas em nossa imaginação é que, já que eles não são reais, temos que enfrentá-los sozinhas. A graça de Deus não está disponível para nos ajudar a superar problemas imaginários que existem apenas em nossa mente. Deus nos ajudará a mortificar esses medos imaginários, mas é somente no *mundo real* que o seu poder é eficaz para nos sustentar em meio aos problemas. É somente quando ele nos chama para realmente *passarmos por tempos difíceis* que o seu poder está presente para nos proteger, confortar e fortalecer.

Durante a Segunda Guerra Mundial, Deus levantou uma família de cristãos holandeses que ajudou a esconder judeus dos exércitos alemães que avançavam. Essa inspiradora história de sacrifício e coragem é contada no livro *O Refúgio Secreto* e foi escrita pela única filha sobrevivente da família, Corrie ten Boom.

Quando menina, Corrie ficou cara a cara com seus próprios medos. O bebê de um vizinho havia morrido, e Corrie percebeu que era possível que qualquer um morresse, mesmo seu próprio pai amado. "Você não pode morrer! Não pode!", ela chorava compulsivamente. Foi assim que ela descreveu a resposta de seu pai para o seu medo:

> Meu pai se sentou na beirada da cama estreita.
> "Corrie", começou ele suavemente, "quando você e eu vamos até Amsterdã – quando eu lhe entrego o seu bilhete"?
> Funguei algumas vezes pensando sobre isso.
> "Bem, um pouco antes de entrar no trem".
> "Exatamente. E o nosso sábio Pai no céu também sabe quando precisaremos das coisas. Não corra na frente dele, Corrie. Quando chegar a hora em que alguns de nós teremos que morrer, você olhará para o seu coração e encontrará a força de que precisa – na hora certa".[3]

Você consegue perceber o que o pai de Corrie estava ensinando a ela? Quando Deus chama você para enfrentar algo assustador, seja a sua própria morte, uma tragédia na família ou alguma outra dificuldade, é quando, e *somente quando*, ele lhe fornece a força para passar por isso. Ao longo dos anos, eu tentei me lembrar de que não preciso do "bilhete" da força e da graça de Deus para um trem que não chegou ou que pode nunca chegar. O único bilhete de que necessito é para o trem no qual preciso embarcar agora, e Deus prometeu me fornecer o bilhete quando eu precisar dele. "De maneira alguma te deixarei, nunca jamais te abandonarei", ele nos disse (Hebreus 13.5). Isso significa que ele estará lá, segurando a nossa mão, não importa qual trem ele tenha chamado à estação.

O medo que existe em nossa imaginação é um adversário terrível. Mas ele pode ser mortificado pelo Espírito e pela fé. O grande pregador inglês Charles Spurgeon certa vez pregou um sermão sobre medos desnecessários. Aqui está uma parte do que ele disse:

> ... muitos entre o povo de Deus estão constantemente sob apreensões de calamidades que nunca lhes ocorrerão, e eles sofrem muito mais em simplesmente temê-las do que teriam que suportar caso elas realmente se abatessem sobre eles. Em sua imaginação existem rios em seu caminho, e eles estão ansiosos para saber como devem percorrê-los ou nadar através deles. Não há tais rios na existência, mas eles estão agitados e angustiados a respeito deles... tais pessoas receosas estão continuamente atravessando pontes que só existem em suas... fantasias. Elas se apunhalam com punhais

imaginários, definham até a morte em fomes imaginárias e até mesmo enterram-se em túmulos imaginários...[4]

À medida que continuarmos através deste livro, veremos como o Espírito Santo pode nos ajudar a aprender a disciplinar nossas mentes e a controlar nossos pensamentos. Por enquanto, porém, é importante que comecemos a ver como a nossa imaginação pecaminosa alimenta os nossos medos.

Desenvolvendo uma Mente Sã

Em 2 Timóteo 1.6-7, Paulo mencionou três coisas que Deus havia dado a Timóteo: poder, amor e moderação (ou uma mente sã). No capítulo 10, estudaremos sobre o amor, então, por enquanto, nos concentraremos em um dos resultados do poder do Espírito: a mente sã.

Paulo aconselhou Timóteo a lembrar-se de que Deus lhe havia dado a capacidade de disciplinar a sua mente. O termo em grego que Paulo usou aqui é utilizado apenas uma vez no Novo Testamento e refere-se à faculdade da mente que permite ao indivíduo controlar seus pensamentos, a fim de ter a mente sã. O ponto é que Deus havia dado a Timóteo a habilidade ou capacidade de ter uma mente moderada, sã. Uma mente sã é aquela que está tranquilamente focada na verdade: primeiro a verdade sobre quem é Deus e o que ele disse e, segundo, a verdade sobre nós mesmas.

Em que a sua mente está focada? Praticamente todas nós lutamos contra medos que podem levar a nossa mente a pular de um possível desastre para outro. Podemos imaginar, em segundos, o pior cenário possível; nossos pensamentos estão cheios de imagens de doenças, mortes, desastres e problemas. Ao invés de focarmos na bondade e na força de Deus, concentramo-nos em desastres iminentes, com Deus aparecendo apenas como um pensamento tardio. Pode até ser que os pensamentos que ocupam a sua mente sejam tão fortes que você se esqueça completamente de Deus. É fácil perceber que a disciplina para desenvolver uma mente sã é algo que todas nós precisamos cultivar.

Imaginações indisciplinadas são a causa do abatimento e da ansiedade. Quando eu era tomada por imagens temerosas acerca da minha filha e do meu neto, eu não estava disciplinando a minha mente ou pensando sobre a verdade. Minha mente estava tudo, menos tranquila! Uma mente sã é uma mente que pode desfrutar de paz mesmo em meio a uma grande tempestade porque está ancorada no que é realmente verdade. No Antigo Testamento, o profeta Isaías falou dessa quietude mental: "Tu conservarás em paz aquele cuja mente está firme em ti; *porque ele confia em ti*" (Isaías 26.3, versão ACF, grifo da autora).

A Estabilidade de Confiar em Deus

A perfeita paz está disponível apenas àquele cuja mente está firme na confiança em Deus. O que significa "confiar" em Deus? *Confiança* é o resultado de uma *decisão de escolher acreditar* que Deus é digno de nossa fé, dependência e credibilidade. A confiança em Deus só cresce à medida que nos tornamos mais e mais familiarizadas com ele – com o seu poder, sua bondade e sua sabedoria. A confiança floresce no coração que veio a crer que "Deus, em Seu amor, sempre deseja o que é melhor para nós. Em Sua sabedoria, Ele sempre sabe o que é melhor e, em Sua soberania, Ele tem o poder de fazer isso acontecer".[5] À medida que cresço em minha compreensão do amor, sabedoria e poder soberano de Deus, a minha confiança nele e a capacidade de refutar imaginações vãs também crescem.

Muitas pessoas que lutam contra o medo agem assim porque, por algum motivo, aprenderam que não podem confiar em outros. Algumas pessoas pensam que nunca serão capazes de realmente confiar em Deus porque experimentaram grande traição, dificuldade ou vergonha. Mas a verdade libertadora é que Deus nunca nos diz que temos que confiar nas pessoas. Na verdade, ele ordena exatamente o contrário:

- "Melhor é buscar refúgio no SENHOR do que confiar no homem. Melhor é buscar refúgio no SENHOR do que confiar em príncipes" (Salmo 118.8-9).
- "Não confieis em príncipes, nem nos filhos dos homens, em quem não há salvação" (Salmo 146.3).
- "Maldito o homem que confia no homem" (Jeremias 17.5).

É claro que, à medida que nós vivemos as nossas vidas no dia a dia, temos que confiar nas pessoas até certo ponto. Tenho que confiar que o caixa do supermercado não está propositadamente tentando me roubar. Tenho que confiar que, quando o semáforo fica vermelho, o tráfego que está se movimentando irá parar para que eu possa passar pelo cruzamento. Isso é confiança, mas é uma confiança ponderada. Não é uma confiança que diz: "Tudo depende de você".

Devido à minha confiança ponderada, eu reconheço que é possível que o caixa esteja tentando me roubar, assim, eu observo as minhas notas. Também sei que há pessoas que habitualmente passam em sinais vermelhos, assim, eu olho para os dois lados mesmo quando o sinal está aberto para mim. Tenho uma confiança ponderada de que as pessoas farão o que deveriam, mas também entendo que as pessoas pecam e cometem erros, assim, eu tento não ser ingênua.

A *Evidência da Confiabilidade de Deus*
Deus não quer ou espera que tenhamos confiança *cega* em ninguém – nem mesmo nele. Como nosso Criador soberano, ele tem todo o direito de ordenar que confiemos nele sem nos dar nenhuma pista de sua confiabilidade. Mas ele não fez isso. Na Bíblia, ele revelou tudo sobre si mesmo que precisamos saber. Ele mostrou por meio da criação, da história e da nossa redenção que ele é totalmente confiável. À medida que crescermos em confiança nele – em sua sabedoria, amor e poder soberano – perceberemos que os nossos medos desaparecerão. Quando isso acontecer, nós também seremos capazes de confiar nos outros como deveríamos.

Quando se trata do foco da minha vida, da minha paz de espírito, da minha alegria mais profunda, ou da minha capacidade de servir ao Senhor, é impossível que eu deva confiar em alguém que não seja ele. Não apenas seria tolo confiar em outras pessoas dessa maneira, mas fazer isso desonraria a Deus. Uma pessoa observou: "Não podemos esperar que Deus faça qualquer coisa prosperar quando colocamos tal coisa no lugar de Deus, e com isso roubamos a honra que Ele merece.... [precisamos] tornar Deus o grande objeto da nossa confiança, *embora a instrumentalidade humana comum de ajuda possa estar à disposição*".⁶

Paz na Presença de Deus

Embora possa parecer que a sua vida esteja cheia de problemas e provações, você pode começar hoje a conhecer a paz de Deus. Ainda que você tenha vivenciado grande decepção, deslealdade ou amargo desespero, a paz que Jesus dá é para *todos* os seus filhos. Falaremos bastante sobre essa paz nos próximos capítulos, mas, por agora, medite nestas palavras de Jesus:

> Deixo-vos a paz, a minha paz vos dou; não vo-la dou como a dá o mundo. Não se turbe o vosso coração, nem se atemorize.
> João 14.27

Quando Paulo lembrou a Timóteo que Deus não havia lhe dado um espírito de covardia (ou de temor, segundo a versão ACF: "Porque Deus não nos deu o espírito de temor, mas de fortaleza, e de amor, e de moderação"), talvez ele estivesse se lembrando do tipo de medo que os israelitas tiveram no Monte Sinai, quando pediram a Moisés para encontrar com Deus por eles. Paulo estava encorajando Timóteo a não ser como essas pessoas que, quando viram a proximidade de Deus, fugiram de medo. E Deus está chamando cada um de nós hoje a não fugir dele com temor servil, mas, em vez disso, a nos aproximarmos dele com coração humilde e confiante, deixando sua paz fluir em nossas almas. Podemos encontrar alegre serenidade à medida que experimentamos o cuidado suave da orientação paternal de Deus, o surpreendente amor visto no sacrifício de seu Filho, e o poder tranquilizador de seu Espírito transformador. E tudo se resume a confiar em Deus.

Para Reflexão

1 - Confiar em Deus é algo pelo qual devemos nos esforçar. Como um pai amoroso, ele nos concede entendimento suficiente a respeito de sua natureza a fim de que possamos ir até ele. Mas crescer nessa confiança é algo que temos que escolher fazer. Nós podemos fazer isso ao considerarmos o que ele disse sobre si mesmo e sobre aqueles que confiam nele. Ao encerrarmos este capítulo, reserve um tempo para meditar em oração nos seguintes versículos:

- "SENHOR, além de ti não há quem possa socorrer numa batalha entre o poderoso e o fraco; ajuda-nos, pois, SENHOR, nosso Deus, porque em ti confiamos" (2 Crônicas 14.11).
- "Em ti, pois, confiam os que conhecem o teu nome, porque tu, SENHOR, não desamparas os que te buscam" (Salmo 9.10).
- "Nossos pais confiaram em ti; confiaram, e os livraste. A ti clamaram e se livraram; confiaram em ti e não foram confundidos" (Salmo 22.4-5).

- "O SENHOR é a minha força e o meu escudo; nele o meu coração confia, nele fui socorrido" (Salmo 28.7).
- "Confiai nele, ó povo, em todo tempo; derramai perante ele o vosso coração; Deus é o nosso refúgio" (Salmo 62.8).
- "Eis que Deus é a minha salvação; confiarei e não temerei, porque o SENHOR Deus é a minha força e o meu cântico; ele se tornou a minha salvação" (Isaías 12.2).
- "Confiai no SENHOR perpetuamente, porque o SENHOR Deus é uma rocha eterna" (Isaías 26.4).
- "Em vos converterdes e em sossegardes, está a vossa salvação; na tranquilidade e na confiança, a vossa força" (Isaías 30.15).

2 - Outros excelentes versos que você pode estudar são: 1 Crônicas 5.20; 2 Crônicas 13.18; 20.20; Salmo 13.5; 32.10; 37.5; 40.4; 84.12; 112.7; 115.11; Provérbios 28.25; 29.25.

Quando Você Sente que Está Perdendo o Controle

"Tua é, SENHOR, a magnificência, e o poder, e a honra, e a vitória, e a majestade; porque teu é tudo quanto há nos céus e na terra; teu é, SENHOR, o reino, e tu te exaltaste por cabeça sobre todos."

– 1 Crônicas 29.11 (versão ACF)

Se tivéssemos que escolher entre ser capaz de controlar nossas circunstâncias e não ter o controle sobre elas, eu tenho certeza de que todos escolheriam a primeira opção. Nós preferiríamos muito mais que a vida fosse como um passeio tranquilo ao longo de um rio suave, mas geralmente ela se parece mais com uma descida em um tobogã selvagem por uma colina íngreme coberta de neve, e, quanto mais nós escorregamos, mais ansiosas ficamos por não sermos capazes de parar sem a intervenção de uma árvore. Para aquelas de nós que lutam contra o desejo de estar no controle das circunstâncias, as situações em que nos sentimos vulneráveis e indefesas podem ser absolutamente assustadoras.

Enquanto escrevo, estou me preparando para uma viagem de avião ao redor do país. Voar nunca foi terrivelmente assustador para mim, mas eu conheço muitas pessoas que se preocupam com isso e se afligem com dias de antecedência. Estatisticamente, voar é um modo bastante seguro de viajar; na verdade, é mais seguro do que dirigir um carro. Mas a realidade é que voar é mais assustador do que dirigir um carro. Por quê? Porque quando estamos viajando pela estrada a 100 km/h, nós temos a impressão de que estamos no controle da nossa segurança pessoal. Nós tolamente supomos que se acontecesse algo inesperado, nós poderíamos reagir a isso e nos afastar do perigo. Mas quando estamos voando e sentimos uma turbulência inesperada ou o piloto acelera de repente, nós experimentamos a insegurança de estar vulnerável ao controle de outro. Nós ficamos mais confortáveis ao dirigir porque temos mais controle do que em um avião. É esse sentimento de estar no controle de nossa própria segurança que nós apreciamos.

Querendo Estar no Controle

Gina, a executiva que conhecemos no último capítulo, acreditava firmemente que precisava estar no controle. Esse desejo de controlar os acontecimentos ao redor de sua vida criou todos os tipos de problemas para ela: ela estava com raiva, preocupada, exausta, e era alguém difícil de conviver. Ela reconheceu que estava esgotando-se ao tentar ter o controle de tudo – mas ela tinha medo de parar! Sentia que sua vida estava correndo a uma velocidade vertiginosa em direção a um futuro assustadoramente imprevisível. Esses sentimentos de insegurança a fizeram exercer mais e mais esforços para trazer as coisas de volta ao controle. Ela fazia isso porque achava que se não fizesse, estaria condenada. Ela temia por sua carreira. Ela temia que sua vida desmoronasse.

E então, em uma espiral descendente cada vez maior, quanto mais temerosa ela se tornava sobre a sua necessidade de estar no controle, mais ela tentava dominar seus funcionários e as circunstâncias, o que trazia ainda mais problemas para si mesma. Gina estava se desgastando, bem como desgastando suas amizades. O que estava acontecendo no coração de Gina que a fazia ser tão controladora? Será que Deus entendia suas lutas? Ele poderia ajudá-la?

Depois apareceu a Dottie, que se tornou cristã já adulta, após viver uma vida bastante desregrada. Ela havia sido uma pessoa rebelde e irada quando jovem. Após Cristo tê-la salvado maravilhosamente, ela se casou e deu à luz três filhos que ela estava "criando para o Senhor". Ela dedicou suas energias tentando controlar o comportamento de seus filhos, em parte porque ela tinha medo de que eles pudessem crescer e ser rebeldes como ela havia sido. Para aqueles em sua igreja, ela tinha a reputação de ser uma boa mãe porque estava envolvida na educação dos seus filhos e se dedicava à família. Mas ela era conhecida por seus filhos como uma mulher que tinha um temperamento forte, de quem era melhor passar longe.

Ela reconhecia que sua raiva era pecaminosa e queria se livrar dela, mas estava confusa. Por que ela se sentia irada o tempo todo? Ela não entendia que grande parte de sua raiva estava baseada no medo. Afinal, ela simplesmente queria proteger os filhos de cometerem os mesmos erros que ela havia cometido.

Ela queria garantir que eles servissem ao Senhor. De fato, seus filhos estavam aprendendo a dizer todas as palavras "cristãs" corretas, a como agir na igreja e a como agradar a sua mãe. Mas eles também estavam aprendendo a ficar com raiva e medo. Ninguém poderia acusá-la de não amar seus filhos. Ela realmente os amava e queria o melhor para eles. O problema de Dottie não era falta de amor; em vez disso, seu problema era o medo. Dottie precisava de ajuda, e sua família também.

Uma Espiral Descendente

Juntamente com esses e muitos outros pensamentos perturbadores e anseios que são provocados pelo medo, há ainda uma outra coisa que faz com que as pessoas queiram se sentir "no controle". É o próprio resultado do medo, da ansiedade e do pânico: um ataque de pânico. Essa pode ser uma experiência muito assustadora. Em um ataque, o medo, o pânico e a ansiedade produzem sintomas poderosos e muito incômodos, que podem incluir um coração acelerado, tonturas e até mesmo náuseas.

Como vimos no capítulo 1, essas respostas físicas fazem parte do projeto amoroso de Deus para nos ajudar a reagir em situações de perigo. Deus projetou o corpo para sentir desconforto quando a adrenalina fosse liberada na corrente sanguínea, de modo que fôssemos motivadas a responder rapidamente ao perigo percebido. O desejo de ser liberta desses sintomas incômodos também é natural. A questão sobre *como ficamos livres* é que é tão difícil. É difícil porque as nossas reações físicas não estão, de forma direta, em nosso controle. Em outras palavras, não importa o quanto dizemos a nós mesmas para não ter medo ou que não teremos outro ataque de pânico. Na verdade, quanto mais nos focamos em tentar superar a possibilidade de ter uma ataque, mais propensas nos tornamos a ter outro. Rapidamente torna-se evidente que esse não é o tipo de problema que sejamos capazes de ignorar ou de sair dele quando quisermos.

Outra forma dessas pessoas que já sofreram ataques de pânico tentarem controlar esse tipo de ocorrência é evitando lugares onde eles já aconteceram. Você se lembra da Kathryn, que tinha medo de passar mal no shopping? Para evitar a possibilidade de ter um outro ataque, ela simplesmente parou de ir até lá.

Uma mulher compartilhou comigo um medo muito específico que ela tinha enquanto dirigia: em uma determinada rodovia bastante movimentada existia uma bifurcação. Após ter sentido pânico ao se aproximar da bifurcação, ela havia se tornado cada vez mais temerosa de que não fosse capaz de escolher entre os dois caminhos. Ela estava com medo de que seu medo a paralisasse e que ela acabasse colidindo com a divisória. Ela nunca havia tido problemas para fazer essa escolha antes, mas, eventualmente, esse medo se tornou tão escravizador que ela se recusou a dirigir nessa rodovia novamente, mesmo que isso dificultasse sua locomoção na cidade. Seu medo do pânico e de como ela poderia reagir a ele tornou-se um tirano escravizador que a foi separando cada vez mais do mundo exterior. Isso a colocou em uma espiral descendente, que levava a um medo e a um desejo continuamente piores de controlar suas circunstâncias.

Veja como se dá essa espiral descendente:

O desejo de controlar algum aspecto do seu mundo leva à:

percepção de que a vida está fora de seu controle, levando à:

experiência física do medo;

levando ao desejo de controlar a experiência do medo, bem como as circunstâncias;

levando à ira, isolamento, depressão e;

a um mundo que fica cada vez mais restrito e cada vez mais fora de controle;

levando a um aumento de esforços para controlar, e a mais medos e assim por diante.

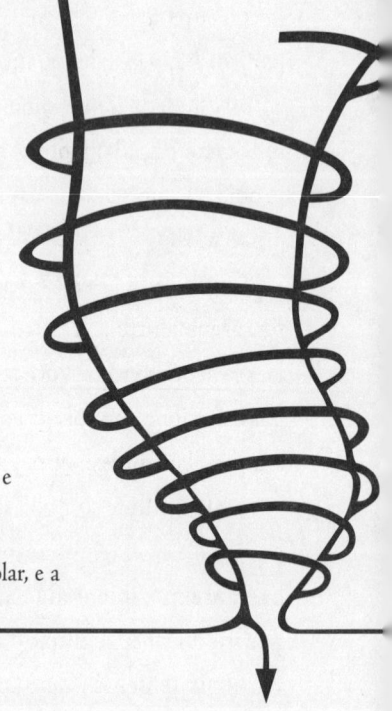

Por que as pessoas vivem dessa maneira? O que está realmente no centro desse problema? A Bíblia fala a respeito dessas questões?

O Profeta que Queria Estar no Controle

Gina e Dottie me lembram de um homem na Bíblia chamado Jonas. Jonas foi um profeta que viveu nos tempos do Antigo Testamento. Deus o havia chamado para ir à cidade ímpia de Nínive e pregar-lhe sobre o julgamento que estava prestes a trazer sobre ela. Mas, em vez de obedecer aos mandamentos de Deus, Jonas fugiu.

Você provavelmente já ouviu a história a respeito de como Deus exerceu controle sobre Jonas enviando-lhe uma tempestade e um grande peixe, mas você já pensou por que Jonas reagiu da maneira que reagiu à ordem de Deus?

Não precisamos especular sobre a motivação de Jonas, porque a Bíblia nos dá a resposta. Após Jonas pregar relutantemente aos ninivitas, Deus viu as obras deles e "se arrependeu do mal que tinha dito lhes faria e não o fez" (Jonas 3.10). O desejo de Jonas de controlar o resultado do seu ministério é visto em sua resposta à misericórdia de Deus. Ele disse: "Ah! SENHOR! Não foi isso o que eu disse, estando ainda na minha terra? Por isso, *me adiantei, fugindo para Társis*" (Jonas 4.2, grifo da autora). Jonas estava irado por Deus não punir os ninivitas após ele ter pregado para eles. Por quê? Porque Jonas queria estar *no controle*. Ele estava com medo de parecer tolo e se importava mais com a sua imagem e o seu próprio sucesso do que com a compaixão de Deus pelo povo. Jonas desobedeceu a Deus porque queria estar no controle.

A história de Jonas mostra o grande amor de Deus. É uma história sobre o seu grande amor pelos ninivitas e seu amor poderoso por seu servo Jonas. Na última cena desse livro, vemos que Deus continua a instruir amorosamente Jonas acerca de seus pensamentos e desejos errados. Deixe-me lembrá-la disto: Depois que Jonas pregou para os ninivitas, ele subiu até um monte para assistir o que Deus faria. O dia estava quente, e enquanto Jonas acampava sob um pequeno abrigo que havia feito, Deus fez uma planta crescer acima dele, a qual o protegeu do calor.

A Bíblia diz que Jonas estava muito feliz com a planta. Ele provavelmente pensou que Deus estava lhe trazendo esse conforto porque havia feito uma ótima pregação. Mas, então, Deus "mandou um verme" para destruir a planta. Em seguida, Ele enviou um "vento calmoso oriental", e "o sol bateu na cabeça de Jonas". Isso fez com que Jonas ficasse muito desconfortável e irritado. Por que Deus agora trazia esse desconforto na vida de Jonas? Deus estava com raiva de Jonas? Ele queria puni-lo? Não, Deus amava Jonas e procurava instruí-lo. O que Deus estava ensinando a Jonas? *Deus estava ensinando a Jonas quem Ele era. Ele estava ensinando que Ele estava no controle. Ele estava abrindo os olhos cegos de Jonas para que ele pudesse ver as falhas em seu pensamento que o levaram a ser tão desobediente, irritado e infeliz.*

Jonas estava focado, de forma errada, no *resultado* do seu ministério "para Deus". Ele queria controlar a forma como as pessoas reagiam. Por quê? Ele queria parecer bom. Ele queria ver os inimigos de Deus punidos. Ele queria ser o "mandachuva". Ele queria usurpar o papel de Deus, estar no controle. Jonas não tinha a coragem, a compaixão e a paciência de que precisava porque ele não estava focado na magnitude de Deus. Ele tinha perdido de vista a compaixão de Deus. Jonas estava preocupado em perder o *seu* conforto, a *sua* felicidade e a *sua* reputação ao invés da felicidade eterna das mais de 120 mil pessoas em Nínive. Mesmo que Jonas tivesse sido libertado da prisão do grande peixe que o engoliu, ele ainda estava preso por seus desejos de estar no controle... e esses desejos fizeram Jonas temer.

Como Jonas, aqueles que são dominados por seus medos podem

encontrar-se em locais desconfortáveis: rodeados pela escuridão, cercados pelo frio, sentindo-se isolados e sozinhos. Ou eles podem se perguntar por que Deus continua bagunçando o seu ninho para que eles nunca se sintam muito confortáveis ou realmente no controle. Eles se perguntam se Deus está irado ou se ele os ama. Eles se perguntam: *O que ele está fazendo?*

Por favor, não entenda mal o que estou dizendo sobre Jonas. Não estou dizendo que ele não amava a Deus. Na verdade, ele admitiu aos marinheiros que o lançaram ao mar que era um homem que temia a Deus. E, como Jonas, muitas de nós vemos dois desejos conflitantes dentro de nós: sim, nós amamos a Deus e queremos servi-lo. Mas há também o desejo de controlar as pessoas e os eventos para os nossos próprios fins, para acalmar os nossos medos.

É uma Questão de Confiança

Talvez exista dentro de nossos corações o desejo sutil de tentar controlar Deus. Talvez pensemos que Deus não está realmente no controle ou que ele está muito longe ou muito ocupado para se envolver em nosso dia a dia. É possível que nós ainda não entendamos realmente o quanto ele nos ama ou quão poderoso ele é? Podemos erroneamente interpretar a nossa experiência com o grande peixe ou com o verme que se alimenta de nossa confortável sombra como uma falta de amor, de sabedoria ou de poder da parte de Deus. A vida parece caótica e imprevisível. E, finalmente, talvez nós realmente não acreditemos que ele é digno de confiança, por isso trabalhamos cada vez mais arduamente tentando trazer a vida de volta ao nosso controle.

Veja, o desejo de controlar as pessoas ou as circunstâncias é, no fundo, um *problema de confiança*. Felizmente, não é que não confiemos em Deus para a nossa salvação. Em vez disso, nós não confiamos que ele vai fazer as coisas para o nosso bem. Pensamos que essa é a nossa responsabilidade. Nós achamos quase impossível abandonar as coisas que nos são mais queridas: nossos filhos, nossas carreiras, nosso futuro. E, assim, quando Deus traz um peixe ou um verme para chamar nossa atenção, automaticamente pensamos que é porque ele não é capaz de controlar as nossas circunstâncias ou que ele está infeliz conosco.

Pense sobre as provações e dificuldades que você está enfrentando. Talvez seus filhos sejam rebeldes, ou seu novo chefe seja um tirano. Talvez o seu melhor amigo esteja se mudando para outro estado, ou você tenha acabado de descobrir que precisa fazer uma cirurgia delicada. É possível que Deus tenha permitido que essas dificuldades específicas entrassem na sua vida para ensinar-lhe sobre a bondade dele e a sua incapacidade de controlar os acontecimentos, e para libertá-la de seus medos? Nós aprenderemos mais sobre como interpretar as nossas provações à luz do caráter de Deus na terceira parte deste livro. Mas, por ora, pergunte-se o que é que Deus pode estar tentando ensiná-la ou do que ele pode estar tentando libertá-la até mesmo com a experiência de seus medos. As provações que você enfrenta não são resultado da impotência de Deus; elas são um sinal de seu cuidado amoroso.

Entregando o Controle a Deus

Na abertura desse capítulo, citei 1 Crônicas 29.11 que diz: "Tua é, SENHOR, a magnificência, e o poder, e a honra, e a vitória, e a majestade; porque teu é tudo quanto há nos céus e na terra; teu é, SENHOR, o reino, e tu te exaltaste por cabeça sobre todos". Pense, por um momento, sobre as palavras "tu te exaltaste por cabeça sobre todos". Sabe, quando realmente paramos para pensar sobre isso, somos obrigadas a reconhecer que todos os nossos esforços para controlar o nosso mundo são bastante ineficazes, não é mesmo? Na verdade, temos que reconhecer que há apenas uma pessoa que está realmente no controle – Deus. Falaremos mais sobre o controle de Deus, aquilo que a Bíblia chama de seu *governo soberano* no capítulo 8, mas eu quero trazer este importante ponto: *Deus já está no controle, e sempre que tentamos tomar o seu lugar, estamos brincando de Deus.* Estamos tentando ser como um deus em vez de ser como Deus.

Desafiando o Controle de Deus

De onde vem originalmente esse desejo de estar no controle, de ser como um deus? Ele teve a sua origem no Jardim do Éden. Você se lembra de como Satanás tentou Eva? Ele disse: "Deus sabe que no dia em que dele [do fruto] comerdes se vos abrirão os olhos e, *como Deus, sereis...*" (Gênesis 3.5, grifo da autora). Pense sobre essa frase "como Deus". O que Satanás estava dizendo a Eva? Ele estava dizendo: "Você não pode confiar em Deus. Ele não lhe deu tudo de que realmente precisa. Ele não é digno de confiança... ele não ama você verdadeiramente... você precisa ter medo do fato de não saber de tudo... então vá em frente, desobedeça a Deus. Tome uma atitude, tente resolver as coisas de acordo com a sua própria sabedoria. Você precisa estar no controle. Então você será feliz".

É uma bênção Deus não ter permitido que esse tipo de pensamento continuasse por muito tempo, não é? Não demorou muito até que Deus visitasse Adão e Eva e os encontrasse escondendo-se de vergonha. Ele não deixou que Jonas perdesse tempo em Társis, mas em vez disso, trouxe correção amorosa sob a forma de tempestade e de um grande peixe. Deus continua hoje a confrontar-nos com amor sempre que cedemos à tentação de tentar estar no controle. Ele faz isso para o nosso próprio bem e para que ele seja louvado.

Buscando o Nosso Controle

Quando passamos a vida buscando o controle pecaminoso sobre as nossas vidas, descobrimos que algo incrível acontece com o nosso mundo – ele encolhe! Em vez de crescermos mais fortes e nos tornarmos pessoas que têm grandes corações e grande capacidade para a obediência amorosa, nossos corações se tornam pequenos, escuros e temerosos, e nos encontramos tremendo no frio. Tornamo-nos como Jonas, que não gostou da escolha de Deus de poupar Nínive, e tornamo-nos como Eva, que pensou que tinha que controlar o seu próprio futuro para ser feliz. Como consequência, ela não pôde mais viver em um belo jardim sob o governo de um Deus amoroso, mas foi expulsa para peregrinar no deserto de sua loucura.

Nesse sentido, quando tentamos ser como um deus, estamos agindo exatamente como o nosso inimigo, o diabo. Ele queria estar no controle; ele queria usurpar a autoridade de Deus. É verdade que devemos ser como Deus de outras maneiras, em particular, na qualidade do seu caráter. Devemos ser santas, amorosas, gentis, longânimas, justas e mansas. Mas nunca somos chamadas para ser como ele nas qualidades que ele não compartilhou conosco – sua onipresença, onisciência e onipotência. Assim, Deus ordena que sejamos como ele – afinal, somos criadas à sua imagem – mas devemos ter cuidado em diferenciar as qualidades que pertencem somente a Deus daquelas que ele compartilhou conosco.

Quando Deus ordenou a Adão e Eva que governassem o mundo que ele havia criado e tivessem domínio, ele os estava incluindo em uma parte de seu governo. Assim, por um lado, Deus ordenou aos nossos primeiros pais que estivessem no controle de certas coisas, mas, ao mesmo tempo, eles precisavam entender que eles eram meros representantes, não reis governantes. Ele lhes havia dado autoridade para governar sobre algumas coisas, mas o seu governo deveria estar sempre em submissão ao dele. Eles deveriam lhe obedecer ao governar, não governar em desobediência.

Por causa do pecado de Adão e Eva, esse desejo dado por Deus de controlar foi distorcido. Agora buscamos controlar o coração das pessoas, o resultado de eventos e o nosso futuro. Fazemos isso porque temos medo do que pode acontecer se apenas confiarmos e obedecermos.

Quando Ficamos com Medo

Durante seu ministério terreno, Jesus contou uma parábola ou história sobre um homem temeroso. Nessa história encontrada em Mateus 25.14-30, Jesus comparou o reino dos céus a um homem que estava prestes a sair em uma viagem e que havia chamado os seus servos para si, confiando-lhes os seus bens. A Bíblia usa a palavra "talentos" para descrever a unidade monetária, mas, para simplificar, vamos mudá-la para reais. A um servo ele deu R$ 5.000, a outro deu R$ 2.000 e, em seguida, para outro, deu R$ 1.000. Ele deu a cada um segundo a sua capacidade. Após o dono da casa sair, cada um dos empregados fez algo diferente com o dinheiro. Os que receberam R$ 5.000 e R$ 2.000 investiram sabiamente o seu dinheiro para ganhar mais dinheiro. Aquele que havia recebido R$ 1.000 o escondeu na terra. Depois de algum tempo, o senhor retornou de sua viagem e pediu-lhes contas. Os dois primeiros haviam dobrado seus investimentos e receberam recompensas por isso. O último, no entanto, apenas trouxe de volta os R$ 1.000 originalmente confiados a ele por seu mestre. Quando questionado sobre por que ele não havia investido o dinheiro, o servo disse: "Senhor, sabendo que és homem severo, que ceifas onde não semeaste e ajuntas onde não espalhaste, receoso, escondi na terra o teu talento; aqui tens o que é teu." (25.24-25). Você pode ver como a perspectiva que o servo tinha a respeito de seu mestre tingiu o uso dos seus dons? Veja as palavras que o servo usou para descrever o seu mestre. Ele disse que ele era severo e insensato. É verdade que o nosso mestre celestial é severo e insensato? Você percebe como a visão desse servo sobre Deus fez com que ele tivesse medo e escondesse os seus "talentos"?

Pense sobre a visão de Jonas e Eva acerca de Deus. Eles não estavam dizendo essencialmente a mesma coisa? Eles não estavam dizendo que a razão pela qual eles estavam temerosos – a razão pela qual eles não fizeram o que Deus havia ordenado – era de algum modo culpa de Deus? Não fazemos a mesma coisa quando ficamos com medo e nos escondemos? Mas Deus, nós pensamos, *se o Senhor tivesse me dado a força ou inteligência, ou família, ou o que quer que seja... que os seus outros servos têm, eu ficaria feliz em trabalhar arduamente para o Senhor.*

Eu observo o mesmo problema em minha própria vida. Quando eu noto que estou com medo, quando olho para o futuro e tenho a sensação de que tudo está à beira do colapso, eu me vejo querendo me esconder – sendo autocomplacente – e tento me distrair. Eu sei que é assim que eu respondo, às vezes. Não é que eu desperdice propositadamente os dons que Deus me deu, eu apenas não os utilizo da maneira que eu deveria. Eu apenas os escondo e penso: *Bem, Deus, se o Senhor não fosse tão severo... se não tivesse me dado uma vida tão difícil, eu não estaria tão desanimada.* Algumas vezes eu não quero trabalhar duro ou arriscar obedecer porque temo o resultado. Eu acho que, se eu viver da minha maneira, serei capaz de controlar os resultados. Talvez eu não goste da maneira como minha vida está agora, mas, pelo menos, eu sei o que esperar e não tenho que temer o desconhecido ou colocar minha vida nas mãos de um Deus que, por vezes, parece severo e insensato.

A Salvação Vem do Senhor

Quando Jonas viu-se cercado de todos os lados pela realidade de que era Deus quem realmente estava no controle, ele fez esta oração:

> Quando, dentro de mim, desfalecia a minha alma, eu me lembrei do senhor; e subiu a ti a minha oração, no teu santo templo. Os que se entregam à idolatria vã abandonam aquele que lhes é misericordioso. Mas, com a voz do agradecimento, eu te oferecerei sacrifício; o que votei pagarei. Ao senhor pertence a salvação!
>
> Jonas 2.7-9

Vamos olhar mais de perto para o que Jonas estava dizendo: primeiro, ele reconheceu que estava em uma situação terrível; ele estava morrendo. Não havia escapatória para ele; ele estava completamente indefeso. Então, ele "se lembrou do Senhor". Isso não é interessante? Você acha que Jonas realmente se esqueceu do Senhor? Ou será que ele simplesmente se esqueceu de quem o Senhor era? No texto original em hebraico, a palavra "Senhor" é Yahweh, que é o nome hebraico que Deus deu a si mesmo. Sabemos que esse nome significa não somente que ele é aquele que é autoexistente, mas também é aquele *que executa toda a sua vontade*.[1] Jonas conhecia Deus por esse nome e estava dizendo, em essência: "Tu és o único que vive eternamente e o único que pode controlar o universo. Tu és a minha única esperança". Foi desse Deus que Jonas se lembrou na barriga do peixe.

Ele continua a orar: "e subiu a ti a minha oração, no teu santo templo". Jonas sabia que Deus era um Deus que ouvia as orações. A capacidade de Deus para ouvir não havia sido obstruída pelo espaço apertado em que Jonas se encontrava. Não, Deus podia ouvir a oração de Jonas do seu templo, como se Jonas estivesse presente ali, ao invés de estar nas profundezas do oceano.

"Os que se entregam à idolatria vã abandonam aquele que lhes é misericordioso" é a frase seguinte em sua oração desesperada. O que Jonas queria dizer? Que ele havia chegado à conclusão de que se apegar a qualquer ídolo sem valor o levaria a ser privado do favor que poderia ser seu. Ele sabia que perdera o favor de Deus porque havia se apegado a ídolos sem valor: ele havia se prendido à crença de que estava no controle de sua própria vida. Na realidade, ele estava brincando de ser Deus. Porque ele estava se esforçando tão arduamente para ser Deus, ele perdeu o favor que Deus dá somente àqueles que confiam nele.

"Com a voz do agradecimento, eu te oferecerei sacrifício" foi a nova resposta de Jonas. Você sabe, nós podemos ter a tendência de ler essa frase e pensar: *E daí? Ele agradeceu a Deus... e daí?* Mas pare e pense sobre onde Jonas estava. Ele não estava em pé na igreja no domingo de manhã cercado por pessoas que amavam a Deus. Não, ele estava cercado por águas escuras, algas haviam se enroscado nele, seu suprimento de ar era limitado. E foi ali, na barriga do peixe, que ele decidiu adorar a Deus. Ele levantou a voz das profundezas do oceano em agradecimento porque acreditava que Deus o ouviria e que ele era digno de ser louvado, mesmo que fosse com o seu último suspiro. Jonas prometeu que seria fiel a Deus.

Jonas reconheceu, então, que a salvação, qualquer salvação que pudesse chegar até ele, viria apenas do Senhor. Ele percebeu que era totalmente incapaz de salvar a si mesmo. Ele não estava no controle. Ele estava totalmente indefeso. Como um comentarista escreveu:

> A salvação ainda é dele, como sempre foi; somente dele ela deve ser esperada, e dele devemos depender para isso. A experiência de Jonas deve encorajar outros, em todas as épocas, a confiar em Deus como o Deus de sua salvação; todos os que lerem essa história devem dizer com segurança, dizer com admiração, que a salvação pertence ao Senhor, e é certa para todos que lhe pertencem.[2]

Olhando para Deus em Oração

Ao encerrarmos este capítulo, deixe-me encorajá-la dizendo que você pode orar como Jonas orou. Eu não consigo imaginar uma circunstância mais difícil e desesperadora do que a circunstância em que Jonas se encontrava. Reveja a dificuldade da situação em sua mente: as visões, os cheiros, a umidade congelante. E, da mesma forma que Jonas, mesmo das profundezas da terra, você pode chamar por Deus e saber que ele a ouvirá e lhe responderá.

Embora a oração de Jonas feita naquele lugar assustador fosse, sem dúvida, sincera, ele ainda continuou a lutar contra o desejo habitual de estar no controle. No desenrolar da história, nós o vemos lutando novamente contra o medo. O coração que está cheio de medo continuará lutando para alcançar o controle. E, por sua vez, a pessoa que deseja estar no controle estará sempre com medo de perder o controle. O diagrama a seguir mostra o ciclo de medo e de desejo que Jonas conhecia (e muitas de nós conhecemos também):

> Eu estou com medo, então luto por controle
>
> Amo estar no controle e tenho medo quando não estou

A oração é eficaz, e Deus pode e trabalha poderosamente em resposta a ela, mas ele geralmente nos deixa lutar contra os nossos medos habituais por um tempo. Isso porque ele quer que nós passemos a odiá-los e desejemos ser livres deles pelo motivo certo: a glória de Deus. A oração de Jonas foi sincera, mas ele teve que continuar aprendendo que Deus estava no controle, e que podia confiar no Senhor. Nosso crescimento em ousada confiança é algo pelo qual Deus está responsável. Não me entenda mal; realmente acredito que a libertação é possível. Vi Deus mudar pessoas, mas esse geralmente é um processo muito lento. Estou dizendo isso porque não quero que você fique desanimada caso você se encontre envolta por algas novamente ou resmungando porque não consegue controlar as circunstâncias. Deus está no controle de todas as partes da sua vida, até mesmo da sua libertação do medo. Você pode descansar nele e confiar que a sua libertação virá na hora certa.

Gina, Dottie, e Jonas enfrentaram dificuldades significativas, não é mesmo? Essas dificuldades foram causadas, em parte, por suas respostas às situações em que se encontravam. Essas situações não criaram seus medos e desejos; mas sim, serviram para revelar os desejos que já residiam em seus corações. Não fique desanimada se perceber que o desejo de controlar também reside em seu coração. Deus é o mesmo hoje como era no tempo de Jonas. Ele continua realizando o seu plano perfeito e concluirá a obra que prometeu em você. Em resposta à sua fidelidade, você pode vir a ele hoje, agora mesmo, em oração, e lhe pedir que a liberte de todos os seus medos. O salmista coloca desta forma: "Busquei o SENHOR, e ele me acolheu; livrou-me de todos os meus temores" (Salmo 34.4).

Tire alguns momentos agora para fazer os exercícios abaixo... e ore como Jonas: "Ao Senhor pertence a salvação... e eu creio que a salvação é para mim".

PARA REFLEXÃO

1 - Leia a parábola de Jesus sobre os talentos encontrada em Mateus 25.14-30.

2 - Você acha que há alguma semelhança entre o servo temeroso e você mesma? Se sim, qual é a semelhança?

3 - De que forma a sua perspectiva sobre o caráter de Deus impacta no seu medo? O comentarista bíblico Matthew Henry escreve o seguinte a respeito do servo temeroso: "Bons pensamentos sobre Deus geram amor, e esse amor nos torna diligentes e fiéis; mas pensamentos severos sobre Deus geram medo, e esse medo nos torna indolentes e incrédulos".³

4 - O que a frase "ao Senhor pertence a salvação" significa para você nessas circunstâncias da sua vida?

5 - Reserve um tempo agora para rever a oração de Jonas. Reescreva-a com suas próprias palavras. Lembre-se, Deus é o mesmo hoje como era no tempo de Jonas. É seu prazer libertá-la do medo para que você possa servi-lo com alegria.

5
Temendo as Pessoas ao Nosso Redor

"*Em relação a outras pessoas, o problema é que **precisamos** delas (para nós mesmos) mais do que as **amamos** (para a glória de Deus).*"[1]
– Edward T. Welch
Conselheiro bíblico, autor e professor

Nicole veio até mim porque estava lutando contra o início de seus ataques de pânico. Ela havia sido presenteada com uma bela voz e gostava de cantar na igreja e em reuniões especiais. Recentemente ela havia ficado preocupada porque estava se tornando cada vez mais temerosa a respeito de seus compromissos musicais. Ela se preocupava com dias de antecedência, temerosa de que uma vez que começasse a cantar, ela se esquecesse das palavras (algo que nunca havia acontecido antes). Ela tinha medo de ficar tão temerosa a ponto de desmaiar na frente da plateia. Ela se sentia atormentada por perguntas sobre o que poderia acontecer se ela não fosse capaz de continuar. Ela ficou tentada a cancelar todas as suas apresentações.

Enquanto conversávamos, tornou-se evidente que, como Jonas, Nicole era uma mistura de medo e fé. Ela acreditava que Deus a havia presenteado com o canto e que tinha a obrigação de usar seus talentos para o Senhor. Ela também acreditava que tinha a obrigação de praticar, de buscar a excelência com relação ao seu dom, e de buscar glorificar a Deus. Esses não eram apenas pensamentos passageiros para ela, mas compromissos sinceros.

Por outro lado, ela sabia que estava fortemente presa ao que os outros pensavam. Ela ansiava por ouvir que as pessoas haviam gostado de suas apresentações. Ela descobriu que sutilmente tinha a atitude de se posicionar para receber elogios. Às vezes ela deliberadamente criticava a si mesma de modo que os outros a bajulassem em resposta. Em outros momentos, ela elogiava algum outro cantor na esperança de que lhe fosse dito novamente quão talentosa ela era. Ela odiava o fato de se sentir tão presa ao que os outros diziam, mas, ainda assim, desejava ouvir elogios. Às vezes, depois de uma apresentação, ela criticava severamente a si mesma por dias, especialmente se ela não recebesse os elogios que esperava. Como resultado, cantar estava se tornando um terrível fardo e uma provação para ela.

Como Nicole deveria pensar sobre o seu problema? Será que ela estava simplesmente lutando contra uma baixa autoestima? Será que ela precisava se reafirmar mais? O que Deus diria a ela?

Adorando o Louvor do Homem

Um Exemplo do Antigo Testamento

A Bíblia está cheia de pessoas que ansiavam por ouvir palavras de elogio. Na história de Ester no Antigo Testamento, somos apresentadas a um homem que realmente lutou contra esse desejo. Seu nome era Hamã.

Hamã estava em uma posição de grande poder e autoridade no antigo reino persa onde Assuero governava. Como segundo homem no comando do rei, Hamã tinha um poder extraordinário sobre as vidas dos judeus que haviam sido exilados de Israel. Ele era tão poderoso que todas as pessoas haviam sido ordenadas a se curvarem e lhe prestarem homenagem sempre que ele caminhasse pelas ruas da cidade. Todos os servos do rei obedeceram a esse comando, exceto um: o judeu chamado Mordecai.

Mordecai se recusava a curvar-se ou a adorar qualquer ser humano. Ele acreditava que deveria adorar somente a Deus. Quando Hamã viu que Mordecai se recusava a curvar-se diante dele, "encheu-se de furor" (Ester 3.5). Ainda que Hamã tivesse o louvor e a adulação de todos no reino, isso não era o suficiente. Então ele decidiu punir Mordecai por desrespeitá-lo. A fim de fazer isso, ele desenvolveu um elaborado esquema que envolvia a destruição de todos os judeus. Mas, no plano soberano de Deus, o plano de Hamã foi derrotado, e o próprio Hamã foi morto na forca que havia construído para Mordecai.

Pensando sobre Hamã e o seu desejo de receber louvor e adulação dos outros, eu posso ver que eu sou, de certa forma, exatamente como ele. Eu também anseio por ouvir o elogio dos outros; eu me perguntei por que eu não o recebo de algumas pessoas. Meu desejo de ouvir o aplauso dos outros, por vezes, me leva a ter raiva, medo e, até mesmo, a pecar contra os outros. Eu nunca pensei em machucar ninguém que se recusasse a me elogiar, mas eu tenho que admitir que o meu amor por essas pessoas não é o que deveria ser.

Um Exemplo do Novo Testamento

No Novo Testamento, encontramos outras pessoas que lutaram contra o mal de Hamã. Por exemplo, havia os crentes judeus que tinham vindo a Cristo, mas tinham medo de contar aos outros sobre sua conversão. É assim que o Novo Testamento descreve o dilema deles:

> Contudo, muitos dentre as próprias autoridades creram nele, mas, por causa dos fariseus, não o confessavam, para não serem expulsos da sinagoga; porque amaram mais a glória dos homens do que a glória de Deus.
>
> João 12.42-43

Alguns dos líderes religiosos judeus haviam crido em Cristo. Eles sabiam que ele era o Messias e haviam visto a verdade de suas afirmações. Mas eles tinham um problema: eles sabiam que se confessassem sua fé, eles seriam excomungados – eles seriam expulsos da sinagoga. Tenho certeza de que você pode imaginar o quão difícil era a situação deles. A sinagoga para o antigo judeu não era como a igreja moderna é hoje. Hoje, se as nossas crenças entrarem em conflito com as da nossa igreja, podemos facilmente fazer as malas e nos mudar para outro lugar. Mas não era assim para eles. Eles tinham uma única sinagoga, e tinham a obrigação de apoiá-la. Toda a vida social e econômica que tinham estava ligada ao grupo. Se eles fossem expulsos da sinagoga, eles eram, em essência, expulsos de toda relação social e comercial em suas vidas.

Note que João não diz que o problema deles era de baixa autoestima ou sentimento de inferioridade. Não, ele aponta para o problema deles como sendo um *problema de amor*. O que eles amavam mais do que a glória de Deus? A glória dos homens. Pelo que eles ansiavam mais do que o louvor que lhes viria da parte de Deus: "Muito bem, servo bom e fiel"? Eles amavam o elogio de seus iguais. Na verdade, eles amavam tanto isso que desobedeceram à ordem de Cristo de testemunharem dele.

A palavra "amaram" em João 12.42-43 é uma palavra grega muito forte, *agapao*. Essa palavra é frequentemente usada para falar do amor de Deus por nós e do tipo de amor que devemos ter uns pelos outros. Essa não é uma palavra que significava que eles "gostavam" de ouvir elogios ou "gostavam" de ser populares. Não, essa era uma palavra que significava que eles viviam para ganhar a aprovação dos homens e precisavam disso.

Nossa Resposta à Crítica

Aprendendo com a Crítica

Como posso saber se eu tenho um amor excessivo pelo que os outros dizem sobre mim? Eu posso saber pela maneira que eu reajo quando sou criticada. Como qualquer autor poderia lhe dizer, é difícil ouvir críticas sobre o próprio trabalho. Recentemente li um comentário a respeito de um dos meus livros que foi preocupante para mim. Eu percebi que a pessoa que havia escrito a avaliação provavelmente não era cristã, porque ela sentiu-se ofendida com a minha abordagem sobre o pecado.

Mas isso realmente não importou muito para mim no momento. Eu não gostei de ser criticada.

Enquanto eu pensava sobre a crítica dessa pessoa, minha primeira reação foi me esconder. Você se lembra do terceiro servo na parábola dos talentos no capítulo anterior? Essa é, normalmente, a minha primeira reação. Eu penso: *"Ok, tudo bem. Por que eu deveria me colocar na linha de fogo? Eu não preciso disso. Eu vou simplesmente esconder qualquer mínimo talento que eu possa ter e, então, eu não vou ter que aguentar as críticas".* Eu costumo terminar esse discurso inflamado dizendo algo em meu coração como: *"Eu vou mostrar a eles. Se eles não gostarem do que eu tenho para dizer, então, está tudo bem para mim. Eu não preciso deles mesmo".*

Como resultado, eu me sinto irada, temerosa e angustiada. A paz e a alegria que Cristo promete para mim não podem ser encontradas. Eu ajo mais como Jonas, afundando-me nas profundezas do desespero. Após essa primeira reação, eu geralmente acabo pensando que eu não me importo com o que os outros pensam e que eu vou simplesmente ignorá-los. *"Eles são estúpidos de qualquer forma"*, eu penso. Mas, ainda haverá um incômodo no fundo da minha mente: *"Alguém não gosta de você. Eles não estão elogiando o seu trabalho".* De muitas maneiras, então, eu consigo ver que eu sou exatamente igual a Hamã. Eu posso receber 100 cartas de agradecimentos e elogios sobre os meus livros, mas fico facilmente incomodada com uma crítica. Sim, eu tenho um Hamãzinho vivendo no meu coração.

Nesse caso em particular, eu sabia que Deus havia trazido esta crítica até mim como um meio de me ajudar a ver o quão fraca eu estava e como eu ainda precisava da sua graça. Enquanto eu orava sobre essa situação, eu decidi que não me defenderia. Em vez disso, eu daria espaço para Deus me defender, se ele desejasse fazê-lo. Eu decidi que oraria pela pessoa que me criticou – oraria para que Deus operasse em sua vida, trazendo-a para Ele. Eu também percebi que eu deveria atentar para as críticas dela porque, embora fosse óbvio que nós duas pensássemos completamente diferente, eu poderia aprender alguma coisa com ela. E então, finalmente, decidi dar graças a Deus por essa oportunidade de crescer, não só em minha habilidade de escrever, mas também em meu caráter.

Talvez Deus Tenha Enviado a Crítica

O rei Davi teve uma experiência semelhante. Seu filho Absalão havia planejado um golpe de Estado, e Davi estava fugindo de Jerusalém a fim de salvar a própria vida. Enquanto Davi seguia junto com sua comitiva, um homem chamado Simei começou a andar ao lado dele, amaldiçoando-o. Ele disse: "Fora daqui, fora, homem de sangue, homem de Belial" (2 Samuel 16.7). Tenho certeza de que você consegue imaginar a forma como essas palavras devem ter entristecido Davi. Lá estava ele, fugindo para salvar a si mesmo de seu filho Absalão, e Simei despejando críticas. Como era o rei, Davi poderia ter ordenado a execução imediata de Simei. De fato, um de seus generais se ofereceu para fazer exatamente isso. Mas a resposta de Davi foi notável. Ele disse: "Se o SENHOR lhe disse: Amaldiçoa a Davi, quem diria: Por que assim fizeste? Eis que meu próprio filho procura tirar-me a vida, quanto mais ainda este benjamita? Deixai-o; que amaldiçoe, pois o SENHOR lhe ordenou" (2 Samuel 16.10-11).

Essa não é uma declaração surpreendente? Davi foi capaz de olhar através dos insultos que lhe estavam sendo lançados e ver o Senhor por trás deles. Ele também tinha esperança de que Deus usasse essa crítica para o seu bem. "Talvez", disse ele, "o SENHOR olhará para a minha aflição e o SENHOR me pagará com bem a sua maldição deste dia" (2 Samuel 16.12). Mais tarde, quando Davi voltou triunfante da batalha, Simei pediu-lhe perdão, e Davi o concedeu a ele. O coração humilde de Davi e confiante em Deus foi revelado pela maneira como ele respondeu às críticas. Davi amava a opinião de Deus, mesmo quando essa opinião era de disciplina. Ele a amava mais do que o louvor dos homens.

Como você reage quando é criticada? O que você pensa das pessoas que não falam bem de você? Quem ignora você? Quem não lhe dá atenção? Você se sente irritada ou desconfortável? Você fica irada, amarga ou ressentida? Você procura razões para criticá-los de volta ou você se esforça ainda mais para obter a aprovação deles? Quem você *realmente* ama? Você enxerga Deus por trás deles, levando-a a amar e a desejar somente Ele?

Nosso Desejo de Ser Valorizada

Como conselheira, eu frequentemente ouço esposas que acreditam que têm uma "necessidade" de serem valorizadas por seus maridos. O que elas me dizem é geralmente algo assim: "Meu marido não valoriza nada que eu faço por ele. Ainda ontem eu passei um bom tempo fazendo o jantar favorito dele e deixei a casa e as crianças bonitas e arrumadas antes de ele chegar. Ele apenas entrou em casa, ligou a televisão, sentou-se no sofá e engoliu a comida. Eu acho que ele nem percebeu tudo o que eu havia feito por ele. Estou cansada de não receber o carinho de que preciso. Na verdade, estou pensando que talvez eu deva deixá-lo. Afinal de contas, eu tenho uma necessidade de ser valorizada. Minha autoestima está tão baixa agora que eu não sei se sou capaz de ficar mais um dia com ele".

Uma Perspectiva Correta

Isso soa familiar? Eu imagino que sim, porque eu sei que há momentos em que eu penso as mesmas coisas. Felizmente, Deus costuma me afastar logo para bem longe desse tipo de pensamento, e eu sou atraída para a verdade. Aqui está uma lista de algumas reflexões que me ajudam a lutar contra esse tipo de pensamento:

- Deus me chamou para ser uma serva, não uma rainha a quem se presta adoração ou louvor (Lucas 22.26).
- Eu recebi o mandamento de amar e valorizar os outros, não de ser amada e valorizada (João 13 e 15; 2 Coríntios 2.8)
- Uma vez que outros foram ordenados a me amar, devo procurar tornar a sua tarefa fácil, servindo e cuidando deles (Mateus 22.38-40).
- Meu desejo por receber o louvor do homem é apenas isto: um desejo. Ele não é uma necessidade. Tudo de que eu realmente preciso foi dado à mim em Cristo (Lucas 12.29-30; 2 Pedro 1.2-4).
- Preciso me focar mais em ser grata pelo que o Senhor e os outros fizeram por mim (Salmo 28.7).

- Devo procurar entregar minha vida em resposta ao amor de Deus (Lucas 9.23-24).
- O desejo pelo louvor do homem é um caminho para o pecado, contra o qual eu devo me precaver (o livro de Ester, Mateus 27.18).
- Quando eu acredito que preciso do louvor, do agradecimento ou da aceitação de outras pessoas, eu me torno escrava de suas opiniões. Essa escravidão atrapalhará a minha capacidade de falar-lhes a verdade em amor (João 12.42-43).

O Louvor de Deus

Alguma vez você já pensou sobre "o louvor de Deus"? Tenho certeza de que você já considerou como deve louvar a Deus, mas você já considerou o que Deus louva? Vejamos o que a Bíblia tem a dizer sobre isso:

- *"Aos que me honram, honrarei"* (1 Samuel 2.30).

Durante o início da história de Israel, antes do tempo dos reis, havia um sacerdote chamado Eli. Eli tinha dois filhos que eram ímpios e desobedientes. Em vez de discipliná-los como deveria ter feito, Eli os mimava. A Bíblia diz que ele honrou seus filhos acima de Deus, deixando-os comer partes dos sacrifícios de animais que eram proibidos. Eli não queria proibir seus filhos ou deixá-los infelizes. Por causa de sua disciplina frouxa, Deus puniu a sua casa e disse que, se ele tivesse escolhido honrar a Deus ao invés de honrar seus filhos, Deus o teria honrado.

Muitas vezes me perguntei se eu honrava meus filhos – a opinião favorável deles, seus sorrisos – mais do que eu honrava a Deus. Estou mais interessada na amizade deles do que na de Deus? Estou com medo de que eles se irem contra mim, ou que eu os decepcione? Será que eu sempre coloco Deus em primeiro lugar na nossa relação?

✦ *"Se alguém me servir, o Pai o honrará"* (João 12.26).

Assim como os crentes judeus temerosos, podemos ser tentadas a evitar servir a Cristo porque estamos buscando a honra que vem de outros. Por exemplo, eu sei que tenho dificuldade em servir ao Senhor testemunhando a outros. Eu reconheço que eu não quero que outras pessoas pensem mal de mim, então eu não sirvo ao Senhor como eu deveria nessa área. Meu medo do que os outros possam pensar oprime o meu desejo pela honra de Deus.

✦ *"Muito bem, servo bom; porque foste fiel no pouco, terás autoridade sobre dez cidades"* (Lucas 19.17).

Nesse versículo da parábola do servo temeroso, eu consigo ver a mim mesma escondendo o meu talento quando estou com medo de como serei recebida – quer pelos outros, quer pelo próprio Senhor. Será que estou disposta a ser fiel até mesmo nas pequenas tarefas (que podem parecer grandes), ou estou me esquivando de um chamado que Deus colocou na minha vida porque tenho medo de ser criticada ou de falhar? Embora, às vezes, seja difícil fazer isso, o desejo do meu coração – e espero que do seu também – é ser fiel nas pequenas tarefas. Ouvir Deus dizer "Muito bem, boa serva" é o maior elogio que eu poderia querer na vida – elogio maior do que qualquer homem poderia dar.

* *"[Ele dará] a vida eterna aos que, perseverando em fazer o bem, procuram glória, honra e incorruptibilidade"* (Romanos 2.7; ver também 1 Pedro 1.7-8).

O que você está procurando? Você tem a santa ambição de buscar "glória, honra e incorruptibilidade" que redunda em vida eterna? Ou você tem outras ambições? Você busca a glória e a honra que vêm de ser estimada, famosa ou poderosa? O nosso desafio é fixar nossos corações em uma santa ambição e não nos contentar com as frágeis falsificações do mundo. Como o comentarista Matthew Henry disse: "Aqueles que buscam por glória e honra as obterão. Aqueles que buscam pela glória e honra vãs desse mundo, muitas vezes as perdem e ficam decepcionados..."[2] Os Guiness escreveu que devemos viver toda a nossa vida diante daquilo que ele chama de "Público de Um". Quando fizermos isso, podemos dizer ao mundo: "Eu tenho apenas uma audiência. Diante de você, eu não tenho nada a provar, nada a ganhar, nada a perder".[3] Viver para um "público de um" simplificaria a sua vida tremendamente, não é? Quando Deus é o seu único foco, as decisões tornam-se muito mais fáceis. Seu coração conhecerá a paz e o contentamento que vêm de buscar agradar e glorificar somente a Deus. Sua vida será mais rica porque as suas buscas terão metas eternas em mente, não terrenas.

+ "...até que venha o Senhor, o qual não somente trará à plena luz as coisas ocultas das trevas, mas também manifestará os desígnios dos corações; e, então, cada um receberá o seu louvor da parte de Deus" (1 Coríntios 4.5).

Ninguém pode compreender ou julgar os motivos de seu próprio coração, muito menos os motivos dos outros. Nesta passagem, Paulo está advertindo seus leitores a não assumirem que sabem, ou são capazes de julgar, o estado do coração de outra pessoa. Ele continua dizendo que Deus, que sonda os corações e entende os pensamentos por trás dos pensamentos, dará louvor àqueles que realmente merecem. Eu sei que, para mim, é possível eu fazer todas as "coisas certas" exteriormente, enquanto o meu coração está longe de Deus. De muitas maneiras, eu percebo que sou como os fariseus cuja conformidade exterior à religião era impecável, mas cujo único propósito era colher o louvor dos homens (Mateus 23.5). Deus é capaz de olhar profundamente em meu coração e examinar a verdadeira motivação das coisas que eu faço: Estou buscando o louvor dos outros ou estou buscando o louvor de Deus somente? Será que eu temo o que os outros possam pensar de minhas ações e, assim, torno-me indiferente ao que Deus pensa sobre mim?

+ "Não é aprovado quem a si mesmo se louva, e sim aquele a quem o Senhor louva" (2 Coríntios 10.18).

Eu tenho notado que em meu próprio coração há um desejo de aprovar a mim mesma. Quando eu não sou capaz de fazer isso (por qualquer motivo), algumas vezes eu chamo os meus amigos e tento obter a aprovação deles. No final, porém, a verdade é que não importa se os meus amigos ou se eu mesma me louvo, ou se eu digo a mim mesma que está tudo bem comigo. A questão é se Deus me louva.

Claro, eu sei que se eu não tivesse recebido a justiça de Jesus Cristo, Deus nunca me aprovaria. Com o registro de Cristo, porém, eu confio que Deus me recomendará por amor a Cristo. Paulo também estava ansioso para obter o favor divino. Ele sabia que Deus conhecia o verdadeiro estado do seu coração, e era por causa da graça de Deus que Paulo podia confiar que o Senhor ficaria satisfeito. Albert Barnes escreveu que o objetivo de obter o favor divino deve ser o "grande alvo e propósito de nossa vida; e devemos reprimir toda disposição para a vanglória ou autoconfiança; toda confiança em nossos talentos, realizações ou conquistas..."[4] Ganhar o *favor divino* é o grande objetivo da minha vida? Ou eu temo a desaprovação dos outros, o que, por sua vez, faz com que eu confie em meus próprios "talentos, realizações ou conquistas" para tranquilizar meu coração temeroso?

> *"Judeu é aquele que o é interiormente, e circuncisão, a que é do coração, no espírito, não segundo a letra, e cujo louvor não procede dos homens, mas de Deus"* (Romanos 2.29).

Tenho certeza de que você está começando a ver que há uma diferença entre a aparência externa que pode resultar no louvor de homens e a atitude interna do coração que é agradável a Deus.

Somos rigorosas com o comportamento que os outros veem e, no entanto, autoindulgentes quando estamos sozinhos? Será que buscamos a separação do mundo, a qual Deus vê e louva, ou comprometemos e forjamos a santidade para que as pessoas gostem de nós?

Temor de Homem x Temor de Deus

Eu frequentemente tenho o privilégio de falar sobre o tema do temor de homem ou da busca por agradar ao homem. Em uma ocasião em particular, minha filha pode participar de uma conferência comigo. Quando eu terminei uma parte da minha apresentação, incentivei todas as mulheres a fazerem grupos e a falarem sobre as áreas em suas vidas que precisavam de crescimento. Minha filha se juntou a um grupo de mulheres e lhes confessou que ela realmente lutava contra o desejo de querer que as pessoas pensassem bem a seu respeito. Após o término da reunião, ela e eu estávamos conversando, e ela disse: "Eu me sinto tão mal por ter confessado isso a elas. O que elas vão pensar de mim agora?" Em seguida, olhamos uma para a outra e começamos a rir. Nós pudemos perceber que ainda estávamos terrivelmente amarradas à opinião dos outros. Até mesmo a confissão do pecado de agradar a homens era difícil devido ao nosso desejo de que os outros pensem bem de nós.

A vida do apóstolo Pedro é surpreendente em demonstrar o poder da graça de Deus. Impetuoso, prepotente, imprudente e covarde, Pedro é um maravilhoso exemplo da capacidade de Deus de usar pessoas pecadoras e refazê-las à sua imagem. Todas nós podemos nos identificar com Pedro quando negou o Senhor na véspera da crucificação. Nossos corações se partem quando experimentamos, com ele, o olhar esmagador de alma que se passou entre ele e Jesus. Em minha arrogância, eu penso que se isso tivesse acontecido comigo, eu não ficaria atada à opinião dos outros. Mas Pedro estava, e a verdade é que eu também estou.

Vários anos mais tarde, os apóstolos estavam trabalhando com os crentes em Antioquia, uma cidade gentílica, quando vários líderes cristãos judeus foram visitá-los. Pedro, temendo o que esses homens pensariam dele, começou a comer com os judeus e a ignorar os gentios. Paulo diz que se opôs a Pedro sobre essa ação porque ele estava sendo hipócrita e levando outros a se desviarem.

Por que Pedro pecou dessa maneira? Qual foi o caminho que o levou a essa hipocrisia? Era o *temor de homem*. Pedro estava mais preocupado com o que esses líderes pensavam a respeito dele do que com a forma como suas ações afetariam esses novos cristãos. Paulo se referiu ao incidente no livro de Gálatas: "Procuro eu, agora, o favor dos homens ou o de Deus? Ou procuro agradar a homens? Se agradasse ainda a homens, não seria servo de Cristo" (Gálatas 1.10).

O argumento de Paulo é claro: quando nossas vidas estão focadas em ganhar o favor dos outros, ou agradá-los para os nossos próprios interesses, teremos propósitos opostos ao do Senhor. Quando se trata desse problema, não há um meio-termo: ou buscamos o favor do Senhor e vivemos em conformidade a ele, ou buscamos o favor do homem e vivemos segundo esse favor. Focar em como obter o louvor dos outros e temer críticas sempre resultará em formas específicas de viver. *A maneira como nos comportamos é sempre o nosso método de obter o que é importante para nós.* Se o que mais importa para nós for o louvor ou a aprovação das pessoas, então sempre nos encontraremos em um comportamento pecaminoso que reflete essa atitude.

O autor de Provérbios estava ciente dos grandes problemas que surgem ao se viver dessa maneira. Ele escreveu: "Quem teme ao homem arma ciladas, mas o que confia no SENHOR está seguro" (Provérbios 29.25). Em relação à frase "Quem teme ao homem arma ciladas", pense sobre pegar um animal em uma armadilha. Você coloca a isca, prepara a armadilha, e espera. Mais cedo ou mais tarde, se a isca for interessante o suficiente, sua armadilha será ativada. Assim acontece com o temor de homem. A palavra *cilada* significa "uma armadilha, uma emboscada ou um laço". Pense nisso desta maneira: a isca é algo que você ama, uma comida saborosa chamada *boas opiniões dos outros*. Uma vez que você desenvolve paladar por esse prato, sempre que você sentir o cheiro de um elogio vindo em sua direção, ou encontrar-se faminta por um, será apenas uma questão de tempo até que você seja aprisionada pelo seu próprio desejo, e encontre-se pecando de alguma forma como Pedro.

LIBERDADE EM TEMER A DEUS SOMENTE

Você descobrirá que saber quem você é e buscar a direção dada por Deus é libertador e regozijante. No filme de *Zelig* (1983), Woody Allen retrata um homem que está tão desesperado para ser aceito pelos outros que se torna um camaleão humano. O filme é um comentário intrigante sobre os medos e as inseguranças que nos levam a ceder à opinião dos outros e a perder nossa própria alma. A única resposta para esse medo é o temor de Deus. Esse temor é o único brilhante suficiente para agir como uma estrela a guiar nossas vidas. *O que o agradará e o glorificará?* é uma pergunta que deveria orientar e manter nossos corações focados. O General Charles Gordon, um soldado que deu a sua vida pela Inglaterra, disse uma vez: "Nunca dê atenção aos favores ou sorrisos de homens; se [Deus] sorri para você, nem o sorriso nem o olhar severo de homens podem afetá-lo".[5]

O temor de homem é uma armadilha perigosa e terrivelmente escravizadora. À medida que você buscar se afastar de seus medos, você começará a notar todas as maneiras em que poderá ficar aprisionada. Não desanime! Embora o temor de homem seja algo contra o qual quase todo mundo lute, sabemos que o Senhor pode nos ajudar com isso porque ele é o único que o venceu completamente. De fato, o Senhor Jesus nunca se preocupou em obter a glória dos outros. João 5.41 diz: "Eu não aceito glória que vem dos homens". Foi porque ele tinha o amor de Deus e o desejo de glorificá-lo dentro de seu coração que ele foi capaz de resistir à tentação de procurar estabelecer um reino mundano.

Aplausos do "Público de Um"

Você já ouviu aplausos de apenas uma pessoa no final de uma apresentação? É um som constrangedor e assustador. Mas e se essa pessoa for um rei ou governante? Isso faria toda a diferença, não é?

Isso porque os aplausos do rei são mais valiosos do que os de qualquer outra pessoa. Pense agora sobre as palavras que o rei prometeu dizer a você: "Muito bem, servo bom e fiel". Imagine a sua alegria quando você as ouvir sendo ditas; quando você olhar nos olhos de seu pai e vir o seu amor. Imagine como será quando você souber que, *pela graça dele*, você viveu para ele. Não valerá a pena cada luta – todo combate travado contra o seu medo – quando você ouvir esse único elogio? Não importará se, então, alguém mais se unir à aclamação, não é? Você conhecerá o "eterno peso de glória, acima de toda comparação" (2 Coríntios 4.17). Tenha o propósito de viver para os aplausos dele agora, e o seu nome será imortalizado junto com todos aqueles que ouviram: "Muito bem, servo bom e fiel".

Para Reflexão

1 - Em João 5.44 Jesus faz a pergunta: "Como podeis crer, vós os que aceitais glória uns dos outros e, contudo, não procurais a glória que vem do Deus único?" Medite sobre esse versículo e peça ao Senhor para ajudá-la a entender a conexão entre fé e buscar a glória de homens. Escreva suas conclusões aqui.

2 - Ao considerar se você tem uma disposição para temer os homens ou para tentar ganhar a aprovação dos outros, você consegue identificar comportamentos que estejam ligados a isso?

3 - Existe alguma pessoa (ou grupo de pessoas) a quem você se encontra temendo? Passe algum tempo orando por essa pessoa ou pessoas, pedindo a Deus para dar a você um amor semelhante ao de Cristo por elas, um amor que não se preocupa com a forma como os outros reagem a você.

4 - O salmista escreveu: "O SENHOR é a minha força e o meu escudo; nele o meu coração confia, nele fui socorrido; por isso, o meu coração exulta, e com o meu cântico o louvarei" (Salmo 28.7). Tire um tempo agora para escrever um breve salmo de agradecimento a Deus por sua bondade para com você.

5 - Memorize o Salmo 118.6 à medida que reflete sobre a maneira como você teme os outros: "O SENHOR está comigo; não temerei. Que me poderá fazer o homem?".

O Medo Causado pelo Perfeccionismo

*"Portanto, sede vós perfeitos
como perfeito é o vosso Pai celeste."*
– Mateus 5.48

Martha era bem respeitada e tinha muitos amigos. Ela tinha todas as qualidades das quais as pessoas gostam. Ela era consciente, responsável, pontual, diligente e altruísta. Ela nunca esquecia o aniversário de um amigo ou perdia a oportunidade de agradecer por algo. Ela era dedicada e focada em seu trabalho para o Senhor. Ela e sua casa estavam sempre bem arrumadas, e sua casa poderia ser fotografada a qualquer momento para uma revista de decoração. Sim, Martha tinha tudo muito bem organizado. Mas Marta tinha um grande problema que ameaçava destruir toda a sua vida: Martha era perfeccionista.

O motivo de Martha ter me procurado era porque ela estava lutando contra a raiva e o medo. Os filhos de Martha a amavam, mas estavam com medo de cruzar o caminho dela. Seu marido sabia que ela tinha um problema com raiva, mas não entendia por que ela não conseguia simplesmente acabar com ele. Afinal, Martha era tão competente em outras coisas; por que ela não era capaz de superar esse problema?

Martha estava começando a sofrer fisicamente como resultado de seu perfeccionismo: ela não conseguia dormir; ela acordava durante a noite devido a preocupações com tarefas que ela não havia terminado. Às vezes, parecia que seu coração ia explodir de tão forte que estava o seu batimento. Outras vezes, e sem motivo aparente, ela sentia que estava se desfazendo em suor e como se o cômodo estivesse se fechando ao seu redor. Parecia que quanto mais ela tentava controlar esses sentimentos angustiantes, mais fortes eles se tornavam, até que ela pensou que fosse ficar louca. Ela era atormentada por todas as possibilidades de fracasso que pareciam tão vivas em sua imaginação. Ela reconhecia que era perfeccionista, e acreditava que o seu perfeccionismo era algo que devesse tentar superar, mas ela estava perplexa e confusa. Afinal de contas, Deus não havia lhe ordenado que fosse perfeita?

Mais Justo que os Fariseus

Em seu famoso ensinamento conhecido como o Sermão do Monte, Jesus fez muitas declarações surpreendentes. Entre elas está essa sobre o que é necessário para alguém ser considerado justo:

> Porque vos digo que, se a vossa justiça não exceder em muito a dos escribas e fariseus, jamais entrareis no reino dos céus.
> (Mateus 5.20)

Para aqueles que estavam ouvindo suas palavras, essa deve ter soado como uma meta impossível. Mais justo do que os escribas e fariseus? Como isso era possível?

As pessoas a quem Jesus estava falando estavam muito familiarizadas com a maneira como seus líderes religiosos viviam. Eles dizimavam hortelã, endro e cominho (Mateus 23.23); jejuavam duas vezes por semana e davam os dízimos de tudo o que possuíam (Lucas 18.12). Eles viviam uma vida que parecia, pelo menos exteriormente, ser impecável. Assim, Jesus dizer aos seus ouvintes que eles precisavam ser *mais* justos do que os escribas e fariseus – pessoas que eram conhecidas por suas adesões rigorosas a uma infinidade de leis – era, sem dúvida, uma ordem intimidadora.[1]

Mais tarde, no ensinamento de Jesus no Monte, Ele subiu ainda mais o nível: "Portanto", ele disse, "sede vós perfeitos como perfeito é o vosso Pai celeste". (Mateus 5.48). O quê? *Mais* perfeito até mesmo que os fariseus? Tão perfeito quanto o nosso Pai celestial? Essas palavras *não podem* querer dizer o que parecem dizer! Ou podem?

Perfeição como a Dele

Qualquer pessoa que realmente compreenda o padrão de Deus contido em sua lei e resumido nos Dez Mandamentos tem que admitir que a perfeição de Deus está simplesmente fora do nosso alcance. Na verdade, a Bíblia até mesmo ensina que a perfeita observância da lei não é possível por meros seres humanos:

- Todos pecaram e estão destituídos da glória de Deus (Romanos 3.23).
- Não há ninguém justo sobre a terra que faça o bem e que não peque. (Eclesiastes 7.20).
- As Escrituras insistem que todos somos prisioneiros do pecado (Gálatas 3.22).
- Na visão de Deus, ninguém é justo (Salmo 143.2).
- Ninguém pode dizer que não tem pecado (1 João 1.8).

Então, o que Jesus quis dizer quando falou que tínhamos que ser perfeitos? Qual seria o objetivo de ordenar que fôssemos perfeitos se a perfeição é inatingível?[2]

Correndo para Cristo

Não demora muito para percebermos que, se estivermos realmente empenhadas em alcançar a perfeição de Deus, nós simplesmente não conseguimos atingi-la. Isso é mais facilmente percebido no resumo de Jesus sobre a perfeição e a lei de Deus. Ele ensinou que devemos *amar a Deus com todo o nosso coração, alma, mente e força, e o nosso próximo da maneira que amamos a nós mesmos* (Mateus 22.37-39). Essas palavras são, provavelmente, tão familiares para você quanto são para mim. Na verdade, o problema não é que não estejamos familiarizadas com elas. O problema talvez seja que nós a ouvimos tantas vezes que elas perderam o seu impacto. *Amar a Deus com todo o meu ser? Amar o meu próximo do jeito que eu amo a mim mesma?*

A verdade é que eu, de fato, amo a Deus, mas eu tenho certeza de que nem sempre o amo com todo o meu ser. Por exemplo, quando alguém atrapalha os meus planos, eu rapidamente me esqueço de que devo amá-lo mais do que os meus planos. Em vez disso, eu geralmente continuo fazendo o que eu acho que preciso fazer para conseguir o que quero. E claro, quando se trata de amar o meu próximo da maneira que eu já amo a mim mesma, é dolorosamente óbvio que eu não faço isso. Quando alguém não me trata do jeito que eu gostaria de ser tratada, eu costumo retaliar em vez de ser paciente e gentil. Até mesmo os "justos" fariseus estavam cheios de ira, inveja e ódio para com Cristo, embora soubessem que a lei de Deus – a qual eles alegavam obedecer – ordenava que eles devessem amar o próximo da maneira como amavam a si mesmos (Levítico 19.18-19). Então, nós temos que encarar o fato de que ninguém obedece completamente, nem mesmo a esse mandamento mais "simples" de todos. Como o puritano Thomas Watson escreveu: "Deus é perfeitamente bom. Toda a perfeição que podemos alcançar nessa vida é a sinceridade".[3]

Se é verdade que sou ordenada a ser perfeita e, no entanto, eu descubro que sou incapaz de conseguir isso de forma consistente, qual é o objetivo da ordem? É como se Deus nos ordenasse a saltar de um lado para o outro do Grand Canyon. Podemos estar dispostas a fazer tentativas débeis, mas a verdade é que não importa o quanto tentemos ou quantas aulas de salto à distância nós tenhamos, sempre acabaremos no fundo, quebradas e em pedaços. E esse é exatamente o ponto. A ordem para sermos perfeitas nos é dada para levar-nos ao perfeito Cumpridor da Lei: Jesus Cristo. *Jesus guardou perfeitamente todos os pontos da lei de Deus por nós.* Para aqueles que reconhecem a sua total incapacidade, a oferta da justa justiça do Filho de Deus é boa demais para deixar passar.

O primeiro princípio que devemos aprender sobre a perfeição de Deus é que ela está disponível para nós, mas não porque somos boas o suficiente para merecê-la. Ela está disponível apenas quando pedimos e cremos pela fé que a justiça perfeita de Cristo pode ser aplicado à nossa vida.[4] Sabendo que a sua justiça é nossa, podemos encontrar a paz e o descanso que desejamos, e a perfeição que Deus exige. Não precisamos ignorar a ordem de Deus; podemos cumpri-la. Por causa da substituição que aconteceu – minha justiça falha pela perfeita justiça de Cristo – eu posso ficar diante do olhar incandescente de um Deus completamente santo. E, aos olhos dele, eu não poderia ser mais perfeito. Isso porque eu tenho a perfeição *dele*.

Rumo à Perfeição

A nossa necessidade desesperada pelo caráter perfeito de Cristo é o único significado encontrado em sua ordem para sermos perfeitas? Já que, como crentes, temos agora o seu registro aplicado às nossas vidas, somos livres para ignorar a ordem de Deus de sermos perfeitas? Não, nós também somos ordenadas a nos esforçar pela nossa própria perfeição pessoal e obediência.

- "Purifiquemo-nos de toda impureza, tanto da carne como do espírito, aperfeiçoando a nossa santidade no temor de Deus" (2 Coríntios 7.1).
- "Aperfeiçoai-vos..." (2 Coríntios 13.11).
- "Não que eu o tenha já recebido ou tenha já obtido a perfeição; mas prossigo para conquistar aquilo para o que também fui conquistado por Cristo Jesus" (Filipenses 3.12).

• "Ó qual nós anunciamos, advertindo a todo homem e ensinando a todo homem em toda a sabedoria, a fim de que apresentemos todo homem perfeito em Cristo" (Colossenses 1.28).
• "... para que vos conserveis perfeitos e plenamente convictos em toda a vontade de Deus" (Colossenses 4.12).
• "... para que sejais perfeitos e íntegros, em nada deficientes" (Tiago 1.4).
• "... segundo é santo aquele que vos chamou, tornai-vos santos também vós mesmos em todo o vosso procedimento, porque escrito está: Sede santos, porque eu sou santo." (1 Pedro 1.15-16).

São versículos como esses que nos levam a fazer uma pergunta muito importante: se o propósito da ordem de Cristo em Mateus 5.48 ("Sede vós perfeitos como perfeito é o vosso Pai celeste") é nos ajudar a reconhecer quão desesperadamente estamos aquém dessa perfeição e nos fazer ver a nossa necessidade da justiça de Cristo, então por que todos esses versículos enfatizam nossa necessidade de buscar a perfeição?

É aqui que o nosso pensamento pode se tornar confuso. Isso porque temos a tendência de ficar confusos sobre o que a Bíblia chama de "santificação". *Santificação* é aquele processo lento de amadurecimento das nossas velhas maneiras de pensar e viver para maneiras novas e piedosas. A santificação não ocorre de um dia para o outro – na verdade, ela nunca será totalmente concluída até chegarmos ao céu. No fundo, é a mudança que Deus está realizando em nós: mudança conforme a imagem e o caráter de seu Filho (Romanos 8.29).

Deus, graciosamente, deu a todos os verdadeiros crentes a justiça perfeita de seu Filho. Somado a isso, ele colocou a nossa justiça imperfeita sobre Cristo e, então, executou sua justa ira quando Cristo sofreu em nosso lugar, na cruz. Devido a essa substituição, não podemos ser mais justas do que ele nos fez. Na Bíblia, isso é chamado de *justificação*. Fomos feitas justas por Deus.

A *Santificação* também é iniciada pela graça de Deus e é o processo de mudança do nosso caráter, de como era quando chegamos a Cristo pela primeira vez para o que deveria ser: um reflexo de sua santidade. Como você pode ver, em um certo sentido já somos perfeitas e em outro ainda estamos caminhando nessa direção.

Os cristãos que lutam contra o perfeccionismo precisam reconhecer essas distinções. Uma vez que os perfeccionistas estabelecem padrões elevados para si (e para os outros), eles olham para os mandamentos de sermos santos ou perfeitos e sentem grande condenação porque não estão à altura. Eles não enganam a si mesmos sobre a necessidade de perfeição. Em uma de nossas conversas sobre justificação, Martha me disse: "Será Deus não está apenas se iludindo?" Ela lutou desesperadamente contra os seus próprios sentimentos de inadequação às exigências de Deus. Ela precisava crescer na compreensão de sua justificação, do perdão de Deus e de sua santificação. Ela precisava ver que já era perfeita aos olhos de Deus, *e* que era a obra do Espírito Santo que lhe permitiria crescer diariamente em sua perfeição pessoal.

Padrões de Quem?

Martha, como muitas perfeccionistas, também lutava contra a criação de padrões extra-bíblicos pelos quais ela tinha que viver. Por exemplo, um perfeccionista pode pensar que o mandamento dado por Deus para ser um bom mordomo de seus bens significa ter que espanar a casa todos os dias ou encerar o carro perfeitamente a cada sábado. Uma jovem pode pensar que, a fim de evitar a gula, ela deve passar fome. Um executivo pode pensar que todos os documentos produzidos em seu escritório têm que ser formatados do modo exato como ele exige. Para ele, isso não seria mera preferência; mas sim, a diferença entre certo e errado.

Elevar preferências pessoais à posição de retidão moral torna, em última análise, a vida opressiva. Enquanto Martha considerava o seu modo particular de fazer as coisas o único modo "certo", ela se tornava cada vez mais irritada e frustrada. Além disso, ela se viu cheia de medo e pânico. Ela se tornou temerosa quando percebeu que não conseguia obedecer a todos os seus padrões de perfeição. Ela entrou em pânico quando os outros se recusaram a viver de acordo com as suas expectativas. Ela teve a angustiante sensação de que tudo estava a ponto de explodir porque as pessoas simplesmente não faziam as coisas corretamente. Ela também estava com medo de aprender novas habilidades porque se preocupava com o fato de não conseguir fazê-las perfeitamente. A perfeição e o medo que derivam disso haviam se tornado em sua vida um direcionador escravizador que exigia mais e mais perfeição a padrões cada vez mais elevados.

Se você acha que se identifica com Martha, deixe-me fazer algumas perguntas que podem ajudar a esclarecer o seu pensamento. Se você perceber que uma ou mais perguntas ecoam em seu coração, então talvez você deseje olhar para as verdades e as referências bíblicas que as acompanham e que podem ajudá-la à medida que você confia em Deus para mudar seu coração.

✦ *Esse padrão é algo que realmente terá importância na eternidade?*

Embora manter uma casa limpa e gerenciar um escritório eficiente sejam bons objetivos, no final, não importará se há poeira em seus móveis quando você estiver diante do Tribunal de Cristo. Deus não perguntará a você: "Você lavou o seu carro fielmente todos os sábados"?

À medida que você procura filtrar seus padrões para determinar aqueles que são eternamente importantes e aqueles que são impostos por você mesma, faça a si mesma as seguintes perguntas: No que o próprio Deus está interessado? O que durará por todo o tempo? O que é eterno?

➤ Deus é santo e está interessado em sua santidade. Essa santidade inclui tanto os seus feitos visíveis quanto as suas motivações (Salmo 11.4; Isaías 6.1-7; 1 Coríntios 4.5; Hebreus 1.8-9).

➤ O governo e os mandamentos de Deus são eternos (Salmo 89; 93.2-5).

➤ O governo majestoso de Deus é fundamentado sobre a sua retidão e justiça. O nosso próprio padrão pessoal de justiça e os nossos anseios por justiça são importantes apenas quando eles estão alinhados com os de Deus (Salmo 97.2).

O Medo Causado pelo Perfeccionismo

➤ Jesus Cristo nos chama a seguir somente a ele e a ver todas as situações e posses terrenas como insignificantes quando comparadas a ele (Mateus 19.28-29).

➤ Ninguém pode ser considerado justo diante de Cristo por causa de suas próprias boas obras. Somente aqueles que foram purificados pelo seu sangue podem ser aprovados no teste de Deus. Cristo prometeu perdão a todos os que lhe pedem (Isaías 45.21; Romanos 3.26; 1 João 1.9; Apocalipse 5.7-10; 7.14-15).

➤ Somente um temor e uma adoração reverentes a Deus durarão, não o nosso sucesso ou as nossas realizações pessoais (Apocalipse 19.4-5).

➤ A obediência aos mandamentos de Deus, e não aos nossos próprios padrões, é o que Ele requer (Apocalipse 20.12).

➤ Devemos nos humilhar e receber o seu dom gracioso, em vez de confiar em nossa própria bondade ou em nossa capacidade de realização (Apocalipse 21.6-7).

Embora medir os seus padrões pelos padrões de Deus possa parecer intimidador no início, lembre-se de que Deus está ao seu lado, e ele prometeu mudar o seu coração e a sua vida. À medida que você coloca sua confiança nele, deixando de lado algumas das regras que parecem ser tão importantes, em vez de caos você encontrará a si mesma liberta de medos e desfrutando de grande paz.

♦ Os padrões ou mandamentos que estou seguindo estão explicitamente revelados nas Escrituras, ou estou adicionando ou *distorcendo seus mandamentos? Uma leitura casual do Novo Testamento afirmaria meus padrões, ou há outras coisas mais importantes para Deus?*

Embora sejamos ordenadas a obedecer a Deus em todas as coisas, a forma como fazemos isso é, às vezes, uma questão de preferência. Por exemplo, como mulher, sei que me foi ordenado submeter-me ao meu marido. Se eu decidir que, para mim, submissão significa nunca questionar o meu marido em público, tudo bem. Se eu disser a outras mulheres que elas são obrigadas a obedecer à minha interpretação do mandamento de Deus, então estou elevando a minha preferência ou convicção pessoal à importância que só a Palavra de Deus merece. Eu preciso continuar lembrando a mim mesma que...

➤ Os fariseus, incluindo Paulo antes de sua conversão, eram conhecidos por sua rigorosa observância a regras rígidas, mas eles frequentemente elevavam suas próprias tradições ao status de um mandamento dado por Deus (Marcos 7.1-13; Gálatas 1.14).

➤ Os mandamentos de Deus foram resumidos por Cristo: "Amarás o Senhor, teu Deus, de todo o teu coração, de toda a tua alma e de todo o teu entendimento" e "Amarás o teu próximo como a ti mesmo" (Mateus 22.37,39). Nossos padrões devem ser um reflexo do mandamento de amar.

➤ As leis de Deus me ajudarão a crescer em minha capacidade de superar a autoindulgência. Quando sou escravizada por padrões impossivelmente altos, eu me encontrarei, com frequência, cedendo a alguma forma de autoindulgência. Seguir os meus padrões pessoais só aumentará o meu orgulho (Colossenses 2.21-23).

➤ O desejo de adicionar algo aos mandamentos de Deus não flui de um amor de Deus, mas vem do inimigo (Gênesis 3.1-19; 1 Timóteo 4.1-3).

Se, à medida que você reavaliar seus padrões, você descobrir que eles diferem dos padrões do Senhor, ou que você fez leis para si mesma que não coincidem com as dele, você não precisa temer. Simplesmente peça ao Senhor para mostrar-lhe a sua lei perfeita e livrá-la de você mesma. Ele fará isso, e você descobrirá que, como diz João, "os seus mandamentos não são penosos" (1 João 5.3).

♦ *Eu acredito que eu tenho que obedecer a esse padrão, a fim de agradar a Deus?*

Martha pensava que estava desagradando a Deus quando não conseguia espanar sua casa todos os dias. Ela pensava que Deus não abençoaria seus esforços como mãe se ela permitisse que seus filhos deixassem suas camas desfeitas. Seus próprios padrões de limpeza nutriam desespero, frustração, raiva e desânimo nela. Ela pensava que o prazer de Deus em sua maternidade estava baseado em quanto os seus filhos eram organizados, por isso ela discursava e se enfurecia quando eles deixavam suas roupas no chão. Martha precisava renovar seus pensamentos e lembrar-se de que...

➤ Deus está satisfeito com seu Filho, portanto, ele já estava satisfeito com ela visto que ela está "nele" (Mateus 3.17; Efésios 1; Filipenses 3.9).

➤ Ela pode agradar mais a Deus, à medida que procura obedecê-lo por amor à bondade e à graça dele em sua vida (2 Coríntios 5.17; Efésios 4.22-24; Colossenses 1.10; Tito 3.4-7; Pedro 1.5-9).

Você está "nele"? Se assim for, você não consegue ser mais agradável a ele do que você já é. Não há nada mais que você possa fazer; não há perfeição que possa ser alcançada que seja melhor do que aquilo que você já tem. Descanse na vida perfeita de Cristo, que foi vivida por você, e na paz que vem de conhecer o que o agrada!

• *Será que esse projeto ou a maneira que eu acho que ele deve ser feito significam mais para mim do que as pessoas nele envolvidas?*

Martha se via frequentemente gritando com seus filhos e com o seu marido porque a casa não estava da maneira como ela achava que deveria estar. Ela estava cheia de remorso devido à forma como tratava os seus filhos, mas sentia como se não conseguisse mudar. Ela sabia que deveria se preocupar mais com eles e com a maneira como o seu comportamento os impactava, mas ela temia que, se fizesse vista grossa, tudo desmoronaria. Quando ela enfrentava esses medos, Martha deveria lembrar-se de que...

➤ À luz do mandamento de amar os outros da maneira que ela amava a si mesma, ela precisava entender que as pessoas são sempre mais importantes que os projetos, até mesmo aqueles iniciados por amor a Deus (Lucas 10.41-42).

➤ Deus governa soberanamente sobre a realização de toda a sua vontade. Não é tarefa dela tentar forçar Deus ou outras pessoas a fazerem o que ela acha que é necessário (Jó 23.13; Salmo 33.9-11; 115.3; Isaías 46.10-11; Atos 4.28; Efésios 1.11).

Peça ao Senhor para abrir os seus olhos às necessidades e às lutas daqueles que estão ao seu redor. Ele pode fazer o seu coração transbordar de amor e pode enchê-la com a alegria incessante que vem de entregar a sua vida por outros. Você achará isso muito mais satisfatório do que o prazer fugaz que você pode obter ao olhar para sua casa perfeitamente limpa ou para uma carta perfeitamente digitada.

✦ *Eu me sinto culpada quando relaxo?*
Martha estava exausta. Ela nunca se permitia um tempo para relaxar porque sempre se sentia atormentada pelas pequenas coisas que precisavam ser feitas. Em uma tarde, quando ela poderia ter descansado ou passado um tempo com seus filhos, ela decidiu que precisava fazer uma blusa para sua filha. Ela sentiu-se pressionada, frustrada e irada enquanto trabalhava, e o tempo todo culpava o seu marido por não ganhar mais dinheiro e sua filha por estragar suas outras blusas. A verdade era que ela não tinha nenhuma alegria em qualquer tarefa que ela fazia porque cada trabalho era feito por obrigação servil em vez de por amor. Mais tarde Martha procurou superar essa propensão, lembrando-se de que...

➤ Deus lhe havia dado o mandamento de cuidar do seu corpo. Por causa dessa ordem, ela deveria ter o cuidado de descansar o suficiente (Êxodo 20.13; 1 Coríntios 3.16; 6.19).

➤ Deus ordenou que a comunhão com outros cristãos fosse uma fonte de força, crescimento e renovação para ela. Ela precisava agendar tempo para a comunhão (1 Tessalonicenses 4.18; 5.11; 2 Timóteo 4.2; Hebreus 3.13; 10.24-25).

➤ Deus ordenou a observância de um descanso sabático em que ela deveria dar-se ao ministério, oração, meditação e leitura centrados em Deus (Êxodo 20.9-11; Levítico 19.3; Isaías 56).

Até Jesus reservou tempo longe das multidões para renovação. Aprender a ter tempo para relaxar não é errado; na verdade é uma necessidade. Deus ama você e irá ajudá-la a realizar tudo o que você precisa fazer para ele, se você gastar tempo no descanso que honra a Deus.

♦ *Eu entendo que todos os cristãos, inclusive eu, estão em um estado contínuo de crescimento? Eu permito que as pessoas falhem, cresçam e mudem? Sou paciente com elas?*

Martha não dava a si mesma e aos outros espaço para crescer ou mudar. Ela exigia obediência rigorosa de si mesma, de seus filhos e de seus líderes cristãos. Ela não conseguia entender como pessoas que diziam ser cristãs ainda lutavam contra o pecado da maneira que eles lutavam. Ela percebeu que estava se tornando cada vez mais impaciente e intolerante com as falhas dos outros, especialmente os da sua própria casa. Ela precisava lembrar-se de que...

➤ Mesmo o apóstolo Paulo sabia que ele não havia alcançado a perfeição (Filipenses 3.12-13).
➤ Sua santificação é um processo que é iniciado e concluído por Deus em seu próprio tempo (Filipenses 2.13).
➤ Ela deveria ser paciente com as outras pessoas da mesma forma que gostaria de ser tratada (Lucas 6.31; Gálatas 5.14; Tiago 2.8-16).
➤ Deus é poderoso o suficiente para mudar o caráter de qualquer um quando lhe agrada fazê-lo (Salmos 33.9-11; 115.3; Romanos 8.29).
➤ Suas falhas e pecados, assim como os de outras pessoas, são uma ferramenta poderosa nas mãos de Deus para trazer seus filhos a ele em humildade e confiança (Gênesis 50.20; Êxodo 4.21 e Romanos 9.18-22; Mateus 26.69-75; João 13.38 e João 21.15-17).

Considere a paciência de Deus com você. É realmente incrível, não é? Ele tem sido paciente comigo por tantos anos enquanto tenho lutado contra o meu pecado. Sei que preciso ser tolerante com os outros da mesma forma que ele é paciente comigo. E quando sou paciente a paz de Deus inunda o meu coração, e reconheço que ele é forte o suficiente para mudar qualquer um – inclusive a mim.

+ *Tenho a tendência de desistir quando não sou perfeita na minha primeira (ou segunda) tentativa de fazer alguma coisa? Entendo o que significa perseverar, mesmo diante do fracasso?*

Martha havia sido presenteada com uma bela voz para cantar. Embora usasse o seu dom quando estava sozinha em sua própria casa, ela se recusava a usá-lo na igreja. Enquanto falávamos sobre isso, ela disse que, em uma ocasião quando era adolescente, ela havia sido convidada para cantar um solo e havia se esquecido da letra da música. Ela se sentiu humilhada e jurou nunca se colocar nessa posição novamente. O Senhor estava trabalhando no coração de Martha para lembrá-la das verdades que...

➤ Deus não prometeu que ela seria perfeita em tudo o que tentasse fazer. Ao contrário, ele prometeu usar tudo em sua vida para o bem – isto é, para fazer o seu caráter cada vez mais parecido com o de seu Filho (Deuteronômio 8.2-3,16; Zacarias 13.9; Romanos 5.3-4; 8.28-29; 1 Coríntios 10.13; Tiago 1.3-4; 1 Pedro 1.7-8).

➤ Deus prometeu capacitá-la para servi-lo e, às vezes, isso quer dizer que o seu próprio fracasso servirá os propósitos de Deus (Salmo 76.10; Atos 4.27- 28; 2 Coríntios 3.4-5; 4.7).

➤ Deus prometeu que, embora ela falhasse e pecasse continuamente, embora fosse fraca e frágil, ele é capaz de guardá-la e de fazê-la perseverar até o fim (João 6.39; 10.27-30; 17.12; 18.9; Colossenses 3.3-4; 1 Pedro 1.5).

Sua confiança diante de Deus não se baseia em suas próprias perfeições. Na verdade, é *apesar* de sua imperfeição que você pode ficar confiante diante de Deus. Ele se lembra da sua fragilidade e tem grande compaixão de você."Como um pai se compadece de seus filhos, assim o SENHOR se compadece dos que o temem. Pois ele conhece a nossa estrutura e sabe que somos pó" (Salmo 103.13-14).

• *As minhas prioridades refletem um foco centrado em Deus?*
À medida que Martha via a necessidade de mudar algumas coisas em sua vida, ela começou a pensar com seriedade sobre as suas prioridades. Embora ela fosse fortemente comprometida com o Senhor, ela começou a ver que grande parte de sua vida era dedicada a "construir seu próprio reino". Ela viu que o seu foco indevido em uma casa limpa tinha mais a ver com o seu próprio orgulho do que com o desejo de construir o reino de Deus na terra. Ela começou diariamente a orar "Venha o teu reino, seja feita a tua vontade" de uma forma que refletia o seu novo desejo de colocar Deus em primeiro lugar. Ela cresceu nesse entendimento enquanto continuava a perceber que...

➤ Jesus ensinou que o caminho para a libertação do medo era encontrado na busca das prioridades de Deus – em buscar o seu reino e o seu governo em primeiro lugar (Mateus 6.25-33).

➤ Toda atividade e padrão devem ser centrados no avanço do reino de Deus, em vez do seu próprio (Provérbios 3.9-10; Mateus 13.44-46; João 6.27).

Ele prometeu suprir cada uma de suas necessidades quando você direcionar sua vida para o reino de Deus. Lembre-se, ele a conhece e prometeu que "todas estas coisas vos serão acrescentadas" (Mateus 6.33).

✦ *Qual é o nosso principal objetivo na vida? Estamos buscando a glória de Deus ou a nossa própria?*

A libertação total de Marta das exigências escravizadoras de seu perfeccionismo veio quando ela abraçou a supremacia da glória de Deus em sua vida. Em vez de se concentrar no que os outros pensariam a seu respeito, ela começou a se concentrar em como louvar e exaltar a Deus em todas as circunstâncias. Isso era particularmente difícil quando seus filhos não eram capazes de recolher seus objetos pelo chão, porque ela acreditava que a obediência deles glorificaria a Cristo. Martha cresceu quando chegou ao entendimento de que a sua ira e a sua natureza exigente eram mais prejudiciais à glória do Senhor do que a bagunça de seus filhos. Sim, ela devia instruir seus filhos para o Senhor, mas ela também precisava diferenciar entre as suas próprias normas e as de Deus. Ela começou a corrigir, nutrir e disciplinar seus filhos para a glória do Senhor, e não para a sua própria. Ela amadureceu ao reconhecer que...

➤ Todas as áreas de sua vida devem estar focadas em glorificar a Deus (Salmo 115.1; Isaías 43.21; Lucas 20.25; 1 Coríntios 10.31; Efésios 6.7; Colossenses 3.17,23-24).

➤ Seus próprios padrões refletiam com mais exatidão o seu desejo por engrandecimento pessoal em vez de um desejo genuíno de atrair outros para Cristo (Marcos 9.38; 10.13; 15.10; Atos 19.13).

Deus fez o caminho para que pudéssemos glorificá-lo e, à medida que o glorificarmos, encontraremos sua alegria inundando as nossas almas mais do que poderíamos imaginar ao tentar glorificar a nós mesmas.

✦ *Tenho prazer em Deus ou eu o vejo como um capataz exigente?* Martha realmente nunca tinha entendido o que significava a expressão "a alegria do Senhor". Ela havia ouvido isso muitas vezes e, embora ela desfrutasse de alguns momentos de riso, ela sabia que quando se tratava de alegria ela se encontrava perdida. Ela nunca havia realmente olhado para o seu relacionamento com Deus como sendo a fonte da verdadeira alegria. Em vez disso, ela imaginava que Deus era um ditador exigente, ríspido, irritado e poderoso. Ela acreditava falsamente que nunca poderia agradá-lo, e interpretava erradamente a ordem de negar-se a si mesma, achando que deveria viver uma existência sombria e escrava. Quando seu entendimento sobre a bondade e a graça de Deus cresceu, sua alegria também cresceu. A vida tornou-se prazerosa, e ela ansiava por seus momentos de oração e adoração como o seu deleite do dia. Ela começou a perceber a verdade da afirmação do puritano Richard Baxter: "Ele o usará apenas em serviços seguros e honrados e para nenhum fim pior do que a sua felicidade sem fim".[5] E como Santo Agostinho escreveu: "Deus é a felicidade do homem". Martha começou a viver como se ele fosse a sua felicidade. Ela sabia que...

➤ Uma vez que Deus é o ser mais atraente em todo o universo, sua vida deveria transbordar de júbilo e alegria (1 Crônicas 16.27; Salmo 16.11; Atos 2.28; Efésios 3.19; Judas 24; Apocalipse 7.15-17).

➤ Em comparação à alegria de conhecê-lo, todas as provações que ela tinha que enfrentar agora – incluindo os próprios fracassos dela e os dos outros – eram insignificantes (Lucas 6.22-23; Romanos 2.7; 2 Coríntios 4.17; 1 Pedro 1.7-8; 5.10).

Alegria e felicidade são sua herança em Cristo. Tornar-se livre de regras e leis feitas pelo homem e segui-lo com um coração agradecido são a chave para obter os prazeres sobre os quais você já ouviu falar. A alegria dele é para você – não apenas para todos os outros –, e ela pode ser sua hoje.

Relaxada, Renovada e Regozijante

À medida que Martha crescia em seu conhecimento de si mesma, da santidade perfeita e misericórdia de Deus e de seu grande plano para libertá-la de seus medos servis, ela descobriu que os sintomas físicos que ela havia experimentado foram diminuindo. Quando ela acordava durante a noite e era tentada a se preocupar com as tarefas que havia deixado por fazer ou com os problemas que a família enfrentava, ela agora passava aquele tempo acordada focando na bondade e no amor de Deus. Ela começou a "antecipar-se às vigílias noturnas" para que pudesse "meditar na palavra [de Deus]", como diz o Salmo 119.148.[6] Sempre que ela sentia aquele aperto no peito, ela o usava como um lembrete para se sentar e passar algum tempo conversando com os seus filhos ou em oração. Ela descobriu que a sua casa e a sua vida não desmoronaram como ela temia, e que, de fato, elas estavam mais tranquilas. Ela desenvolveu uma perspectiva correta da perfeita justiça de Cristo em sua vida e do fato de que não podemos ser perfeitas, embora devamos nos esforçar pelo crescimento contínuo. Como resultado, seus amigos ficaram mais confortáveis ao seu redor e se alegraram em ouvir sobre a obra de Deus em sua vida. Martha estava indo bem em seu caminho para se tornar uma mulher que refletia a graça de Deus, em vez de sua própria bondade autocentrada.

O que é especialmente encorajador é que Martha não é a única que tem experimentado essas mudanças. Outras também têm, e você pode também. Se depois de ler isso, seu coração ansiar por semelhante mudança, então por que não reservar um tempo agora para orar a fim de que Deus a ajude? Esse trabalho começa com a confissão de que toda a sua própria bondade não é boa o suficiente, e que o seu foco tem estado no lugar errado. Deus é poderoso e amoroso o suficiente para mudar você exatamente da mesma maneira que mudou Martha, e esse trabalho pode começar agora. Deus é perfeito, e seus padrões são mais elevados do que você ou eu podemos alcançar; mas louve-o, ele fez um caminho para que você possa ouvi-lo dizer: "Muito bem, servo bom e fiel".

Para Reflexão

1 - Revise as perguntas que eu fiz nas páginas anteriores. Quais são particularmente significativas para você? Por quê?

2 - Busque uma referência para cada pergunta que você citou acima. Escreva as que falam especificamente ao seu coração.

3 - Você identificou algum padrão pessoal que não se encaixa nos critérios dados neste capítulo? Quais são eles?

4 - Como a devoção a esses padrões causam medo em sua vida?

5 - Que medidas você deve tomar para mudá-los?

Deus Realmente se Importa com Você

"...a melhor maneira de estar confortavelmente suprido neste mundo,
é estar mais atento ao outro..."[1]

– Matthew Henry
Autor e teólogo do século dezoito

Enquanto atravessávamos a parte mais rural de Chiapas, o estado mais ao sul do México, fui tomada por um senso do cuidado majestoso de Deus. Nosso pequeno grupo pretendia visitar um local onde plantariam uma igreja. A fim de chegar lá, tínhamos que viajar através de pequenas aldeias e estradas de montanhas desertas. Enquanto subíamos uma pequena colina, nossos olhos foram saudados com a visão de milhares de pequenas flores roxas que cobriam completamente um campo. Olhei ao redor, procurando por cabanas ou outros sinais de civilização e descobri, para minha alegria, que esse campo havia sido coberto por Deus para o nosso prazer somente. Naquele momento, lembrei-me da promessa de Deus:

> [...] Considerai como crescem os lírios do campo: eles não trabalham, nem fiam. Eu, contudo, vos afirmo que nem

> Salomão, em toda a sua glória, se vestiu como qualquer deles. Ora, se Deus veste assim a erva do campo, que hoje existe e amanhã é lançada no forno, quanto mais a vós outros [...].
>
> Mateus 6.28-30

É verdade. A mulher mais bonita do mundo, vestida com a roupa mais fina, nunca poderia se comparar à beleza simples e surpreendente daquele campo. *Se Deus é capaz de fazer isso*, eu pensei, *ele também não é capaz de cuidar de mim?*

Eu gostaria de dizer que eu sempre mantive o pensamento a respeito do poder de Deus diante dos meus olhos como fiz naquele dia. Mas a verdade é que, às vezes, eu me esqueço. Eu me preocupo. Às vezes sou tomada pela incredulidade e me pergunto como Deus resolverá essa confusão. Então, as palavras de Jesus irrompem em meio às minhas dúvidas, e eu sei: *se ele pôde cuidar daquele campo, torná-lo bonito para o seu prazer e compartilhá-lo com a nossa pequena equipe, então ele certamente é capaz de cuidar de mim na minha angústia.* Ele derrete o meu coração duro e incrédulo, e à medida que meus olhos se enchem de lágrimas de gratidão, meu coração repousa novamente em seu cuidado paternal.

Por que Você se Preocupa?

O tema da preocupação foi abordado por Jesus em várias ocasiões. Em uma dessas ocasiões, ele estava assentado sobre o topo de uma colina, falando a seus filhos, enquanto esses se assentavam por todo o campo diante dele. Eis o que ele disse:

Não andeis ansiosos pela vossa vida, quanto ao que haveis de comer ou beber; nem pelo vosso corpo, quanto ao que haveis de vestir. Não é a vida mais do que o alimento, e o corpo, mais do que as vestes? Observai as aves do céu: não semeiam, não colhem, nem ajuntam em celeiros; contudo, vosso Pai celeste as sustenta. Porventura, não valeis vós muito mais do que as aves? Qual de vós, por ansioso que esteja, pode acrescentar um côvado ao curso da sua vida? E por que andais ansiosos quanto ao vestuário? Considerai como crescem os lírios do campo: eles não trabalham, nem fiam. Eu, contudo, vos afirmo que nem Salomão, em toda a sua glória, se vestiu como qualquer deles. Ora, se Deus veste assim a erva do campo, que hoje existe e amanhã é lançada no forno, quanto mais a vós outros, homens de pequena fé? Portanto, não vos inquieteis, dizendo: Que comeremos? Que beberemos? Ou: Com que nos vestiremos? Porque os gentios é que procuram todas estas coisas; pois vosso Pai celeste sabe que necessitais de todas elas; buscai, pois, em primeiro lugar, o seu reino e a sua justiça, e todas estas coisas vos serão acrescentadas. Portanto, não vos inquieteis com o dia de amanhã, pois o amanhã trará os seus cuidados; basta ao dia o seu próprio mal.

Mateus 6.25-34

Eu sei que é uma longa passagem, mas se você apenas passou os olhos por ela, posso pedir para que você volte e a releia com atenção? É um discurso surpreendente que a encorajará e a capacitará, à medida que você compreendê-lo melhor.

Vamos tomar algum tempo agora para mergulharmos nessas palavras preciosas e realmente pensarmos sobre as implicações delas. Nosso Senhor estava buscando nos libertar da preocupação e do medo e, visto que ele nos conhece perfeitamente, seria sensato da nossa parte ouvi-lo com atenção e guardarmos o seu conselho.

Nosso Senhor começa sua instrução ordenando-nos a abandonar preocupações mundanas. Ele disse: "Não andeis ansiosos pela vossa vida, quanto ao que haveis de comer ou beber; nem pelo vosso corpo, quanto ao que haveis de vestir".

Assim que leio essas palavras, sinto-me culpada por ignorá-las. Eu me preocupo com a minha vida – e você? Eu me preocupo com o que acontecerá se o preço da gasolina romper novos limites, ou com o que poderia acontecer se a economia entrasse em uma espiral descendente grave. Eu me preocupo com a saúde dos meus filhos, com a vida espiritual deles, suas casas, seus cônjuges, seus filhos e com o futuro deles. Em 1999, eu passei o ano inteiro preocupada com o *bug* do milênio. Eu estava preocupada com a minha igreja, meu trabalho, com as pessoas que aconselho, minhas oportunidades de palestrar, meus amigos, meus pais, os pais do meu marido e assim por diante. Se eu tivesse um "preocupaçômetro", eu provavelmente descobriria que tenho estado com o "ponteiro no limite" durante a maior parte da minha vida adulta. E depois, claro, eu me preocupo com o fato de me preocupar tanto enquanto fico preocupada com o que poderia acontecer se eu realmente desistisse. Soa familiar?

Estou convencida de que, quando se trata de pecados comuns às mulheres, a preocupação ocupa um dos primeiros lugares. Na verdade, dei algumas palestras sobre esse tema ao redor do país, e a preocupação parece ser um tema polêmico para a maioria de nós. Não estou dizendo que os homens não se preocupam. Meu marido Phil, que geralmente não é aprisionado pela preocupação pecaminosa, também se preocupa algumas vezes. Sempre sabemos quando ele está realmente angustiado porque uma linha vermelha aparece em sua testa. Eu consigo saber, só de olhar para a sua testa (seu preocupaçômetro), que tipo de dia ele teve quando chega em casa do trabalho. Se ele estiver com o "ponteiro no limite", então sei que foi um dia difícil. Consigo perceber que ele está terrivelmente preocupado com alguma coisa, e que agora provavelmente não é o melhor momento para se queixar de que a torneira ainda está pingando.

Apenas Diga Não

Ao abordar o tema preocupação, o Senhor começa dizendo, em essência: "Não faça isso". Quando somos tentadas a nos preocupar com alguma coisa, nós deveríamos dizer: "Não". A preocupação é tão comum que podemos nos esquecer de que ela é realmente um *pecado*. Mais tarde veremos por que ela é pecaminosa, mas, por agora, teremos que encarar a realidade de que é tão pecaminoso se preocupar quanto é desconsiderar qualquer outro mandamento de Deus. No entanto, pelo fato de a preocupação ser tão comum e parecer (pelo menos depois de um olhar superficial) não fazer mal a ninguém, temos a tendência de dar a ela um espacinho confortável em nossos corações.

Mateus 6.25-33 não é a única passagem na Bíblia que nos diz para não nos preocuparmos. Considere o seguinte:

- "Confia os teus cuidados ao SENHOR" (Salmo 55.22).
- "Não cuideis em como ou o que haveis de falar" (Mateus 10.19).
- "Não andeis ansiosos de coisa alguma" (Filipenses 4.6).
- "...lançando sobre ele toda a vossa ansiedade, porque ele tem cuidado de vós" (1 Pedro 5.7).

Nosso Senhor nos adverte contra pensamentos ansiosos que roubam a nossa paz. Ele nos adverte contra as especulações que surgem a partir de dúvidas e receios. Não me entenda mal: Jesus não está falando sobre tentar desligar o cérebro. Ele não está ensinando: "Não pense de maneira nenhuma sobre o que você vai comer, ou vestir, ou onde vai dormir". Não, ele está nos alertando sobre aqueles pensamentos temerosos e preocupantes que tão facilmente cativam a nossa mente.

Nossas mentes são incrivelmente poderosas. Um artigo afirma que "é razoável concluir que o cérebro humano tem um poder computacional bruto entre 10^{13} e 10^{16} operações por segundo".[2] Esse é um número impressionante, não é? (Para mim, é particularmente difícil imaginar que esse número esteja correto quando olho para a tela do meu computador hora após hora, tentando descobrir as palavras certas para usar enquanto escrevo este capítulo!) Mas a verdade é que milhões de pensamentos podem passar como um flash pelas nossas mentes em um único momento, muitas vezes sem estarmos conscientes disso. O que é ainda mais surpreendente é que o Deus que fez com que a capacidade do nosso cérebro funcionasse dessa forma nos disse para controlarmos os nossos pensamentos!

Na passagem paralela sobre preocupação, no capítulo 4 de Filipenses, Paulo faz a mesma coisa. Ele simplesmente diz: "Não se preocupe com nada". Eu sei que, se você for como eu, um mandamento para não se preocupar pode soar semelhante a um mandamento para eu me transformar em uma girafa. Simplesmente não há como! Não importa quantas vezes eu tente esticar o meu pescoço, a minha natureza simplesmente não é de uma girafa. E quando se trata de preocupação, como eu poderia controlar meus pensamentos da maneira que me é ordenado? Confesso que quando leio o mandamento para não me preocupar, eu às vezes sinto como se fosse uma meta impossível. É assim para você?

Mais uma vez, precisamos encorajar a nós mesmas, diante da aparente impossibilidade de obedecer a esse mandamento, a fugir para Cristo. É nele, e *somente nele*, que você terá o poder que você precisa para mudar. Jesus viu a nossa incapacidade para mudar quando disse a seus discípulos:

> Permanecei em mim, e eu permanecerei em vós. Como não pode o ramo produzir fruto de si mesmo, se não permanecer na videira, *assim, nem vós o podeis dar, se não permanecerdes em mim*. Eu sou a videira, vós, os ramos. Quem permanece em mim, e eu, nele, esse dá *muito fruto; porque sem mim nada podeis fazer*.
>
> João 15.4-5, grifo da autora

Nosso amado Senhor está nos dizendo: "Você não pode fazer isso por conta própria. Você não pode mudar o seu pensamento para que ele produza bons frutos, a menos que você esteja recebendo força de mim". O apóstolo Paulo, que teve uma das maiores mentes de todos os tempos, reconheceu a sua incapacidade de mudar. Ele sabia que tinha que confiar totalmente no Senhor. É por isso que ele disse: "Tudo posso *naquele que me fortalece*" (Filipenses 4.13, grifo da autora).³

Superar a nossa propensão à preocupação não é algo que podemos fazer sem a ajuda de Cristo. A boa notícia é que ele está acessível, pronto para nos ajudar quando pedimos. Podemos orar através desses versos:

> *Pai, eu lhe agradeço porque os seus ouvidos estão sempre abertos para os meus pensamentos e minhas palavras. Eu peço que o Senhor me perdoe por me preocupar, e que o Senhor me permita, em seu tempo, triunfar sobre a minha preocupação. Eu louvo ao Senhor que prometeu me fortalecer e me fazer ser frutífera em minha vida.*

O Foco de Nossas Preocupações

Voltemos a Mateus 6 e examinemos o que o Senhor identificou como sendo o foco de nossos pensamentos ansiosos. Ele disse: "Não andeis ansiosos pela vossa vida, quanto ao que haveis de comer ou beber; nem pelo vosso corpo, quanto ao que haveis de vestir" (versículo 25). Quando eu olho para essa lista, facilmente eu penso: *Ei, eu não me preocupo muito com o que terá para o almoço ou o que eu vestirei. Eu acho que estou realmente bem.*

Mas então eu penso mais profundamente sobre as implicações das palavras do Senhor. Eu me preocupo com a minha *vida*? Eu me preocupo com o meu *corpo*? Sim, eu devo admitir que sim. Preocupo-me com todos os aspectos da minha vida: meu futuro, meu passado, o que acontecerá hoje. A palavra "vida" inclui tudo o que eu sou. Se terei os recursos necessários a fim de fazer o que eu preciso fazer. Eu me preocupo com a minha saúde e os efeitos da minha preocupação sobre a minha saúde. Penso em como está a saúde dos meus filhos, dos meus netos, dos meus pais, do meu chefe.

Veja agora como o Senhor responde às nossas preocupações:

+ *A vida consiste em mais do que essas preocupações externas.*

Sua vida não é mantida por meio da satisfação de seus desejos temporários: o que vestirei, o que comerei ou beberei, onde viverei? Seu corpo pode se beneficiar de ter roupas quentes, comida saudável e abrigo seguro, mas a fonte da sua existência não vem dessas coisas, mas do Deus que está ativamente sustentando você. Deus, que está diariamente preservando a sua vida (uma tarefa muito mais difícil do que simplesmente fornecer alimentos), é capaz de fornecer os meios necessários para a sua subsistência. O Senhor a convida a colocar a sua plena confiança nele. Aquele que criou o seu corpo não deve ser capaz de proteger, sustentar e prover todas as suas necessidades?

+ *Deus cuida perfeitamente de criaturas menores, como pássaros e flores, e deveria ser óbvio que ele pode cuidar de você.*

Um querido amigo me deu um belo livro intitulado *The Art of God* [A Arte de Deus].[4] Cheio de belíssimas imagens da criação de Deus, cada vez que olho para esse livro, fico espantada ao observar a beleza, simetria, diversidade e ordem do nosso maravilhoso mundo. É o próprio Senhor que faz com que a Terra gire em torno do Sol, que traz as estações do ano, que faz cair a chuva sobre a terra. É como Paulo escreveu:

> Nele, foram criadas todas as coisas, nos céus e sobre a terra, as visíveis e as invisíveis [...] Tudo foi criado por meio dele e para ele. Ele é antes de todas as coisas. *Nele, tudo subsiste.*
>
> Colossenses 1.16-17, grifo da autora

Mas Deus não está interessado apenas nas coisas grandes, como manter o nosso universo. Ele também está totalmente envolvido nos pequenos detalhes: a comida e vida de passarinhos aparentemente insignificantes; a beleza das flores que aparecem por apenas um ou dois dias; sim, até mesmo o número de cabelos da nossa cabeça (Mateus 10.30). Deus não está apenas supervisionando o nosso mundo de longe, administrando apenas as grandes questões. Não, ele está bem aqui, ao nosso lado, supervisionando e ordenando cada pequeno detalhe de nossas vidas. Deus está aqui e ele está envolvido. E, se ele é poderoso o suficiente para cobrir belamente o campo, e atencioso o suficiente para prover pequenas sementes para um pardal, então ele certamente deve ser capaz de cuidar de nós.

* A preocupação não tem a capacidade de mudar nada.

O pragmatismo é uma filosofia que avalia se afirmações são verdades por "funcionarem" ou não. Jesus disse: "Qual de vós, por ansioso que esteja, pode acrescentar um côvado ao curso da sua vida?" (Mateus 6.27). O que ele estava tentando nos ensinar? *Nossa preocupação não realiza nada.* Assim, mesmo que nós apenas olhemos para a nossa preocupação pragmaticamente, Jesus nos garante que é um exercício inútil. Ela não pode mudar nada. Ela não fará você viver um momento a mais do que Deus ordenou. E não influenciará o que quer que você possa enfrentar no futuro. *A preocupação não tem poder algum.* Todas as horas que passei me preocupando e me atormentando com os meus problemas, fossem reais ou imaginários, foram *uma perda de tempo.* Naturalmente, a triste realidade é que eu poderia ter usado esse tempo de forma mais proveitosa na resolução de problemas reais.

* *A sua preocupação é uma placa apontando para um problema mais profundo: incredulidade.*

Jesus realmente foi ao ponto quando disse: "Se Deus veste assim a erva do campo, que hoje existe e amanhã é lançada no forno, quanto mais a vós outros, *homens de pequena fé?*" (Mateus 6.30, grifo da autora). Pequena fé! Pense sobre essas palavras. O Senhor equipara a nossa preocupação à falta de fé.

Por que o Senhor diz que preocupação é incredulidade? De que forma a minha preocupação reflete o nível da minha fé? Meu 'preocupaçômetro' é também um medidor da minha fé; e, nesse caso, não é o ponteiro da minha fé que está nas alturas – é a minha incredulidade. Por que preocupação é incredulidade? Porque ela tem suas raízes na dúvida sobre o caráter de Deus. Ela questiona o seu cuidado e provisão paternal. Quando eu me preocupo com o que acontecerá com a minha vida, o que eu realmente estou dizendo é: "Deus, o Senhor não pode lidar com isso. Ou o Senhor é muito fraco, desinteressado, não amoroso, ou não é esperto o suficiente para cuidar da minha vida. Eu tenho que dedicar toda a minha atenção para pôr essa situação em ordem por conta própria".

Deus orientou seus filhos a não se preocuparem; ele classificou a preocupação como pecado. Por quê? Porque a preocupação flui de uma visão distorcida ou incompleta da natureza e do caráter de Deus. Deus revelou a si mesmo tanto em sua criação quanto em sua Palavra. Somos obrigadas, por meio dessa autorrevelação, a conhecê-lo como ele é. Embora nós nunca o entendamos completamente ou sejamos capazes de compreender plenamente a sua natureza, ele nos deu tudo de que precisamos saber sobre o que precisamos saber. Quando passamos nossos dias nos preocupando, estamos desconsiderando o que ele nos contou sobre sua perfeita santidade, poder, sabedoria e amor. Estamos dizendo: "Eu tenho que lidar com isso porque não se pode confiar no Senhor".

Preocupar-se também é pecaminoso porque eleva nossos pensamentos e capacidades a uma posição de semelhança a Deus. Quando nos preocupamos, estamos colocando a nossa confiança em nossos pensamentos e em nossa capacidade de "resolver as coisas" em nossa mente. É por isso que a preocupação está ligada ao orgulho em 1 Pedro 5.5-7:

Cingi-vos todos de humildade, porque Deus resiste aos soberbos, contudo, aos humildes concede a sua graça. Humilhai-vos, portanto, sob a poderosa mão de Deus, para que ele, em tempo oportuno, vos exalte, lançando sobre ele toda a vossa ansiedade, porque ele tem cuidado de vós.

Quando nos preocupamos, estamos orgulhosamente confiando em nossa própria força e poder. Estamos nos opondo a Deus, que disse para colocarmos a nossa confiança nele e para humilharmos o nosso coração sob a poderosa mão de sua providência. Ao invés disso, estamos dependendo de nós mesmas. Estamos exaltando a nós mesmas como sendo mais poderosas do que ele. Estamos impacientemente esperando que ele faça o que pensamos que ele deveria fazer – e quando não faz, nós pensamos que precisamos descobrir como cuidar do assunto por nós mesmas.

♦ *Quando nos preocupamos, estamos agindo como órfãs; nós nos esquecemos de que Deus é nosso Pai.*

O Senhor tornou essa questão mais clara quando ensinou:

Não vos inquieteis, dizendo: Que comeremos? Que beberemos? Ou: Com que nos vestiremos? Porque os gentios é que procuram todas estas coisas; pois vosso Pai celeste sabe que necessitais de todas elas.

Mateus 6.31-32

Eu cresci em um lar sem pai. Minha mãe trabalhou muito durante toda a sua vida para sustentar meu irmão e a mim, mas eu nunca realmente experimentei a segurança que ter um pai teria me dado. De certa forma, sou feliz por isso, porque fui ensinada a não colocar minha confiança em um pai terreno, mas no meu pai celestial.⁵ Tive que aprender, *a partir das Escrituras*, o que o Senhor diz a respeito do seu cuidado paternal, e eu sou grata por isso.

Quando nos preocupamos e nos inquietamos com nossas necessidades perceptíveis, estamos nos esquecendo de que temos um Pai que sabe o que realmente precisamos antes mesmo de pedirmos. É claro que geralmente há uma grande diferença entre o que *eu* acho que preciso e a perspectiva de *Deus*. Devo me humilhar, então, admitindo a sua sabedoria, e acreditar que ele sabe o que é melhor para mim e que me dará tudo o que realmente é necessário. Paulo nos diz em Romanos 8: "Se Deus é por nós, quem será contra nós? Aquele que não poupou o seu próprio Filho, antes, por todos nós o entregou, *porventura, não nos dará graciosamente com ele todas as coisas?*" (Romanos 8.31-32, grifo da autora).

O Pai, que me deu o presente mais necessário e precioso de todos, o seu Filho, não deixará de prover tudo de que preciso. Aqueles que não conhecem o cuidado de Deus têm que gastar tempo se preocupando sobre como eles sobreviverão; eles não têm escolha. Mas nós, que conhecemos a Deus e experimentamos o seu amor, deveríamos estar fora de preocupação, não deveríamos? Não acreditamos que Deus é sábio o suficiente para saber o que precisamos e poderoso o suficiente para dá-lo a nós? Que necessidade temos, então, de nos preocupar?

♦ *A preocupação prova que estou indo na direção errada.*

Ao invés de gastar os meus dias buscando os meus próprios desejos e me preocupando com o meu futuro, eu preciso focar, ativamente, minhas energias no reino de Deus e na sua justiça. Jesus disse: "Buscai, pois, em primeiro lugar, o seu reino e a sua justiça, e todas estas coisas vos serão acrescentadas" (Mateus 6.33).

O foco principal da nossa vida deve ser estabelecer o reino de Deus e crescer em sua justiça. Matthew Henry disse que devemos "pensar no céu como o nosso fim e a santidade como o nosso meio".[6] Devemos tornar o desejo de conhecê-lo, agradá-lo e gozá-lo como o fim dominante de tudo o que fazemos.

Marta, irmã de Lázaro e Maria, era uma mulher cheia de preocupação. O Senhor havia chegado a sua casa e, enquanto ela estava ocupada preparando uma refeição, sua irmã, Maria, buscava o reino de Deus. Veja como Lucas registra o evento:

> Marta agitava-se de um lado para outro, ocupada em muitos serviços. Então, se aproximou de Jesus e disse: Senhor, não te importas de que minha irmã tenha deixado que eu fique a servir sozinha? Ordena-lhe, pois, que venha ajudar-me. Respondeu-lhe o Senhor: Marta! Marta! Andas inquieta e te preocupas com muitas coisas. Entretanto, pouco é necessário ou mesmo uma só coisa; Maria, pois, escolheu a boa parte, e esta não lhe será tirada.
> Lucas 10.40-42

O que era essa coisa necessária que Maria encontrou e Marta deixou de perceber nessa ocasião? Era o reino de Deus. Era crescer em justiça. A preocupação de Marta havia distorcido suas perspectivas. Ao invés de reconhecer que Jesus estava a caminho de morrer pelos pecados dela, ela questionou o cuidado de Jesus para com ela. Em vez de crescer em santidade, ela estava com raiva e inveja de sua irmã. Ela perdeu o objetivo principal do dia e, em vez disso, preocupou-se em fazer o almoço.

Você se vê em Marta? Eu sei que eu me vejo. Estou tão ocupada tentando fazer coisas para Deus (como se ele precisasse de mim!) que eu perco o que é realmente importante. Eu preciso crescer em meu próprio desejo de agradar, bendizer e glorificá-lo. Eu preciso crescer em santidade e no meu entendimento de sua natureza. Essas coisas levam tempo, mas é nisso que eu tenho que concentrar as minhas energias.

Mas, você pode estar pensando, *o que seria do almoço se eu não me preocupasse com ele?* Jesus nos lembra de que Deus sabe do que precisamos e que tudo o que é necessário será fornecido por ele. Pense nisto: Marta estava preocupada com a preparação do almoço para aquele que fez almoço para 5.000 pessoas a partir de quase nada! Se ele estivesse com fome, ele poderia multiplicar pães ou fazer com que os pássaros lhe trouxessem comida. "Aquele que deu a você os tesouros de ouro do céu não permitirá que você deseje os tesouros de cobre da terra".[7] Você confia que Deus é capaz de prover para você?[8]

Não estou dizendo que você não deve se preocupar com as suas responsabilidades. O que estou dizendo é que há uma diferença entre tentar ser responsável, como um ato de alegre adoração, e preocupar-se com o resultado de seu trabalho. Jesus se manteve ocupado cumprindo toda a obra que o Pai tinha para ele, mas ele nunca "surtou" por ter que fazer as coisas. Essa é a diferença entre trabalhar na fé com zelo alegre e trabalhar em seus próprios esforços na labuta servil.

✦ *Você não pode fazer nada sobre o que poderá acontecer amanhã.*
De uma forma muito sucinta, Jesus conclui seu discurso sobre a preocupação com as seguintes palavras: "Não vos inquieteis com o dia de amanhã, pois o amanhã trará os seus cuidados; basta ao dia o seu próprio mal" (Mateus 6.34). Você e eu temos apenas um dia para lidar com os nossos problemas: hoje. Não podemos lidar com os problemas de amanhã porque o amanhã ainda não está aqui. A preocupação enfraquece nossa força para as batalhas de hoje, fazendo-nos focar nas batalhas de amanhã. Embora não seja errado fazer planos para o nosso futuro, devemos sempre fazê-lo com o governo de Deus em mente. (Tiago 4.13). A preocupação tende a nos distrair; ele leva os nossos pensamentos por pequenos caminhos de possibilidades imaginadas. Ela nos impede de focar nas oportunidades que estão bem diante de nós e afasta-nos para longe.

Vencendo a Sua Preocupação

O apóstolo Paulo definiu três passos práticos para vercermos a preocupação. Ele disse:

> Não andeis ansiosos de coisa alguma; em tudo, porém, sejam conhecidas, diante de Deus, as vossas petições, pela oração e pela súplica, com ações de graças. E a paz de Deus, que excede todo o entendimento, guardará o vosso coração e a vossa mente em Cristo Jesus. Finalmente, irmãos, tudo o que é verdadeiro, tudo o que é respeitável, tudo o que é justo, tudo o que é puro, tudo o que é amável, tudo o que é de boa fama, se alguma virtude há e se algum louvor existe, seja isso o que ocupe o vosso pensamento. O que também aprendestes, e recebestes, e ouvistes, e vistes em mim, isso praticai; e o Deus da paz será convosco.
>
> Filipenses 4.6-9, grifo da autora

Você vê os passos de Paulo para vencermos a preocupação? O primeiro é orar com ação de graças sobre todas as suas preocupações. Quando Deus ordena que você não se preocupe, ele não está dizendo para você fingir que não tem nenhum problema. Não, ele está dizendo para você concentrar todas as suas energias em oração de gratidão. Dessa forma, quando um pensamento incômodo surge em sua mente, você pode dizer: "Eu não pensarei mais nisso; eu já orei sobre isso".

O próximo passo a se dar é aprender, pela graça de Deus, a controlar seus pensamentos. Paulo nos diz que há oito filtros através dos quais devemos julgar nossos pensamentos. Você os encontrará na tabela abaixo:

Filtros de Pensamento	Pergunte a si Mesma:
Verdadeiro	O que eu estou pensando sobre Deus é verdadeiro, particularmente o seu cuidado paternal por mim?
Respeitável	Os meus pensamentos honram a Deus? Será que eles refletem o conhecimento de que ele é maravilhoso, bondoso, amoroso, sábio e poderoso?
Justo	Os meus pensamentos são santos, retos e justos? Eles são pensamentos que o próprio Senhor teria?
Puro	Os meus pensamentos lançam dúvida sobre a bondade de Deus ou sobre a verdade de suas promessas? Será que eles elevam a minha própria importância ou desejo?
Amável	Os meus pensamentos fluem a partir de um coração cheio de ternura e afeição pelo Senhor? Será que os meus pensamentos lhe trazem prazer?
De Boa Fama	Os meus pensamentos são de boa fama? Eles estão fundamentados na fé?
Virtuoso	Os meus pensamentos me fazem ter medo ou eles enchem o meu coração com coragem e forte compromisso com o viver virtuoso?
Louvável	Será que o Senhor louvaria os meus pensamentos? Será que eles lhe trazem glória?

Finalmente, Paulo nos diz que precisamos *praticar* as disciplinas da oração de gratidão e avaliar diariamente os nossos pensamentos. Para mim, esse é o ponto mais difícil. Eu tenho a tendência de ser uma iniciante muito boa, mas não uma "praticante" tão boa. Praticar significa que eu não acertarei da primeira vez (ou mesmo da segunda) que eu tentar. Terei que trabalhar duro para controlar os meus pensamentos ansiosos, mas eu posso descansar no conhecimento de que Deus está trabalhando comigo nisso.

Paulo nos encoraja a trabalhar nisso, dando-nos uma preciosa promessa. Ele escreve: "A paz de Deus, que excede todo o entendimento, guardará o vosso coração e a vossa mente em Cristo Jesus" e "o Deus da paz será convosco" (Filipenses 4.7,9). O que você faria para encontrar a paz de Deus e para saber que o Deus da paz está com você?

Você Pode Ter Paz... Hoje

Ao encerrarmos este capítulo sobre preocupação, eu quero que você se lembre de que a paz de Deus está acessível a você hoje. A paz que ele está prometendo a você não é uma proteção contra provações ou tempestades. Não, é a paz que você pode encontrar em meio a qualquer tempestade. É a paz que protegerá o seu coração da turbulência quando você se focar no reino e na justiça dele – quando você orar com ações de graças e aprender, pela graça dele, a filtrar seus pensamentos.

A paz que ele tem para você está além da sua compreensão. É melhor do que você possa imaginar, e guardará você de cair nessas profundezas escuras do desespero que a preocupação e a ansiedade podem cavar em seu coração. "Aquiete-se", o Senhor diz ao seu coração agitado. "Eu sou o Deus que guarda o hoje e todos os seus amanhãs. Você pode confiar em meu cuidado paternal".

Para Reflexão

1 - Faça uma lista das suas preocupações. Coloque um visto (✓) ao lado daquelas que não estão em seu poder ou em sua responsabilidade de fazer algo a respeito. Essas são as preocupações pelas quais você precisa orar e deixar nas mãos de Deus. Coloque uma seta (←) ao lado daquelas preocupações pelas quais você tem alguma responsabilidade. Depois, faça outra lista (em ordem de importância) das tarefas que podem te ajudar a resolver essas preocupações. Ore por isso também.

Minhas Preocupações	✓ ou ←	Minhas Tarefas
		1.
		2.
		3.
		4.
		5.
		6.
		7.
		8.

2 - Faça uma "Lista de Gratidão". Liste as dez coisas pelas quais você é mais grata. Sua lista pode incluir os benefícios de Deus para você (como a salvação ou a sua Palavra ou graça), juntamente com as suas bênçãos terrenas (família, amigos, provisões). Assim como você passou algum tempo em oração sobre as preocupações que listou acima, passe algum tempo agradecendo a Deus por tudo em sua lista. Isso a ajudará a ter fé de que Deus realmente está no controle e a ajudará a focar os seus pensamentos na bondade dele e não naquilo que você acha que ainda precisa.

3 - Durante o dia, quando pensamentos angustiantes invadirem a sua mente, lembre a si mesma de que você já orou sobre as suas preocupações e reveja os itens em sua lista de agradecimento. Ao fazê-lo, a paz de Deus inundará o seu coração e a guardará do medo e de mais angústia.

4 - Quando você começar a sentir que está ficando ansiosa, pare para avaliar seus pensamentos usando o filtro da página 153. Eu incluí esse filtro no Apêndice B, de modo que você possa fazer cópias e mantê-las com você.

A Segurança da Soberania de Deus

"Negue-se que Deus governa a matéria, negue-se que é Deus quem sustenta 'todas as coisas pela palavra do seu poder' (Hb 1.3), e lá se foi todo o senso de segurança!"[1]

– Arthur W. Pink
Autor, teólogo e professor da Bíblia

Quando Carol me procurou, ela estava com uma tristeza que ameaçava dominar sua alma. A igreja de Carol, onde ela havia sido alimentada e abençoada por vários anos, parecia estar se desintegrando. Seu pastor havia sido pego em pecado, seus amigos estavam saindo, e sua família estava em crise. Parecia que não passaria um dia sem que outras notícias desanimadoras surgissem. A aparente dissolução de sua igreja era o tema de todas as conversas e a fonte de inúmeras lágrimas derramadas em oração. As pessoas estavam desanimadas; amizades foram sendo destruídas; o maravilhoso ministério de um pastor estava em desgraça.

Carol se viu acordando no meio da noite, cheia de medo. Ela tinha medo do efeito que esses problemas teriam sobre a sua família. Ela temia ter que procurar por uma nova igreja. Pensava que Deus a estivesse castigando e que, de alguma forma, os problemas fossem culpa dela, e o mundo estivesse girando sem controle. Onde estava Deus em tudo isso? Será que ele se importava?

A vida de Bárbara era uma crise após a outra. Durante anos, ela enfrentou tragédia após tragédia. Um de seus bebês havia morrido no parto. Sua filha havia ficado aleijada em um acidente grave. Seu marido sentiu que não podia suportar a pressão e a deixou por outra mulher. E agora, a mãe de Bárbara estava com câncer. Embora ela tivesse crido em Deus por toda a sua vida, ela estava começando a se perguntar se havia crido em vão. Se existisse um Deus, ele estava realmente no controle? Ou ele apenas estava, de forma impotente, assentado no céu, pouco se importando com todos os problemas do planeta?

No caminho para casa, vindo do consultório médico, a cabeça de Dave estava girando. O que o médico havia dito? *Leucemia?* O que era isso? Como podia a sua esposa Anne, uma mulher tão jovem, tão bonita, ter uma doença que parecia tão assustadora? Claro, Anne sentia-se cansada. Que mãe de quatro filhos não se sentiria? Mas *leucemia*? O que isso significava? Onde estava o Deus em que eles haviam confiado? O que a vida reservava para eles agora? Será que ele teria que criar seus filhos sozinho? Como ele poderia enfrentar a vida sem ela? Será que Deus havia cometido um erro? Ele estava vendo?

A pequena empresa de entrega de Nate estava finalmente crescendo. Depois de anos de publicidade, dirigindo as mesmas rotas repetidas vezes, trabalhando horas a fio, Nate estava começando a sentir que ele finalmente estava prosperando. Ele tinha uma clientela regular crescente e prospecções de novos clientes. Ele tinha seis funcionários de confiança que dirigiam pelas ruas da cidade. Tudo parecia estar cooperando. Então, Mac, um de seus empregados, depois de beber no trabalho, bateu sua van de entrega em um carro de família e feriu gravemente uma menina de três anos de idade. Nate teve que enfrentar a probabilidade de perder o seu negócio, suas vans e até mesmo a sua casa. Tudo pelo que ele havia trabalhado tão arduamente havia desaparecido por causa de um erro estúpido. Ele sentia-se atormentado por pensamentos sobre sua responsabilidade pelo acidente: Será que ele não havia sido atento o suficiente? Por que Deus não havia aberto os olhos de Nate para o problema de Mac com a bebida? Por que Deus permitiu que Nate passasse todos esses anos construindo um negócio se ele acabaria assim? Será que ele não havia entendido a vontade de Deus? Deus estava realmente no controle?

Jan não tinha ninguém para culpar além de si mesma. Foi ela quem desobedeceu a seus pais. Foi ela quem fugiu e viveu uma vida selvagem nas ruas. Embora ela tivesse se tornado cristã e estivesse vivendo com uma família piedosa, foi ela que contraiu HIV. Ela acreditava que Deus havia perdoado os seus pecados, mas agora, justamente quando parecia que ele deveria se agradar dela, ela estava encarando a própria morte. Talvez Deus não a tivesse perdoado... talvez ele não estivesse realmente no comando... talvez ela não devesse confiar nele. Jan estava começando a pensar que talvez ela devesse desistir. Se Deus não pôde mantê-la longe dessa terrível doença, por que ela deveria servi-lo?

Teologia – Será que Realmente Importa?

Nos últimos anos, tem havido um consenso geral de que a teologia – ou um estudo sistemático de Deus – não é realmente relevante ou importante. Hoje em dia, algumas pessoas até mesmo pensam que não é necessário ter crenças fixas sobre Deus ou sobre a Bíblia. Por exemplo, algumas pessoas acham que aquilo em que alguém acredita não é realmente importante contanto que haja *algum tipo de crença* em *algum tipo de deus*. Teologia? Doutrina? Cristãos não precisam realmente de toda essa ladainha pomposa, não é? Afinal de contas, a teologia apenas separa as pessoas e causa brigas. Não deveríamos trabalhar em amarmos uns aos outros e deixar todos esses pormenores para os estudiosos da Bíblia em suas torres de marfim?

Embora possa não parecer evidente à primeira vista, cada uma das histórias com que abri este capítulo apresenta um *problema teológico*. Isso porque a teologia é simplesmente um *sistema de crenças sobre Deus*. Todo mundo tem uma perspectiva teológica; todo mundo tem um sistema de crenças. Na verdade, você não tem que estudar teologia para ser um teólogo. Todo mundo é um teólogo de alguma maneira. Mesmo um ateu tem uma perspectiva teológica: sua teologia lhe diz que Deus não existe. A questão não é se você tem um conjunto de crenças sobre Deus, que governa a sua visão de vida, mas se essas crenças são baseadas na verdade. Uma pergunta que você pode fazer a si mesma é a seguinte: minhas crenças resistirão ao teste da vida real diante do Deus verdadeiro? As suas crenças acalmam os seus medos, aquietam a sua mente; elas direcionam e motivam você diante dos problemas sobre os quais acabamos de ler? É somente quando enfrentamos uma dificuldade intransponível que nos damos conta de que a nossa casa pode estar construída em algo que não seja o concreto reforçado da verdade bíblica.

Questões Cruciais e Respostas Consoladoras

Neste capítulo, faremos duas perguntas teológicas: Primeira, Deus é soberano? A palavra *soberano* simplesmente significa que Deus é absolutamente livre para fazer o que quiser. Como Jerry Bridges escreve:

> Ele faz o que quiser e determina se podemos fazer conforme planejamos. [...] Nenhuma criatura, pessoa ou império é capaz de atrapalhar Sua vontade ou agir fora dos limites dela.[2]

É claro que a capacidade de Deus de fazer exatamente o que ele quer deve ser entendida no contexto do seu caráter. Por exemplo, uma vez que Deus é totalmente santo, não é possível que ele peque. Deus é capaz de fazer qualquer coisa que tenha decidido realizar, e tudo o que ele decidiu realizar é sempre perfeitamente santo, justo, amoroso e sábio. São o seu caráter e poder que fazem dele Deus. Se o caráter e poder de Deus forem algo inferior a isso, ele não seria mais Deus.

A segunda pergunta é a seguinte: se Deus é soberano, como isso pode nos ajudar a superar os nossos medos? Quando estamos enfrentando as dificuldades da vida – quando estamos repletas de medos e ansiedade e sentimos como se nossas vidas estivessem desmoronando – é verdade que Deus é soberano para nos trazer esperança, paz e confiança. É a verdade de que ele é perfeitamente santo, justo, amoroso e sábio, juntamente com seu perfeito poder, que será o nosso esteio nos momentos de provação.

Se você não está confortável com a ideia de ler um capítulo inteiro sobre teologia, deixe-me encorajá-la. Esta não será uma discussão seca sobre fatos que realmente não importam muito. Pelo contrário, eu espero que você comece a ver que a doutrina da soberania de Deus pode ser uma das verdades mais reconfortantes e vivificantes que se pode conhecer. É o conhecimento de que Deus está no controle que acalmará seus maiores medos e lhe dará ânimo durante suas provações mais difíceis. É desse conhecimento que a Carol, a Bárbara, o Dave, o Nate, a Jan, você e eu precisamos. Então, vamos ver mais de perto quem Deus diz que ele é e, então, veremos como essas verdades podem nos ajudar com os nossos medos e preocupações.

O que Deus Diz Sobre Si Mesmo

A maneira mais direta para eu conhecer você seria lhe fazendo perguntas e, em seguida, ouvindo as suas respostas. Da mesma forma, a maneira mais direta pela qual podemos conhecer a Deus é lendo a Bíblia. O próprio testemunho de Deus sobre si mesmo é confiável, porque ele está completamente familiarizado com sua própria natureza. E, porque o conhecimento que Deus tem de si mesmo não tem erro, podemos confiar que ele não nos enganou ou nos confundiu sobre o seu poder ou propósito. Então, vamos ver brevemente agora o que Deus diz sobre a sua própria soberania:

A Segurança da Soberania de Deus

- Deus diz que ele controla *todos os eventos* para a sua própria honra e glória (1 Crônicas 29.10-11; Salmo 103.19; Provérbios 16.33);
- Ele determina as estações do ano, o clima, o crescimento das plantações (Gênesis 8.22; 1 Reis 8.35; 2 Crônicas 7.13-14; Amós 4.7; Isaías 5.6; Ageu 1.10-11);
- Deus determina a duração de nossas vidas (Jó 14.5; Salmo 68.20; Atos 17.26);
- Deus é completamente livre para fazer o que quiser, inclusive anular as nossas decisões (Jó 23.13; 42.2; Salmo 33.9-11; 115.3; Provérbios 19.21; 21.30; Isaías 43.13);
- Deus não precisa de nada vindo de nós para capacitá-lo a governar soberanamente (Atos 17.24-25);
- É Deus quem nos dá sucesso (João 15.5; 1 Coríntios 3.7; 2 Coríntios 12.9);
- Deus traz para si aqueles que ele predestinou para virem até ele (Mateus 11.27; João 1.13; 6.65; 12.39-40; Romanos 9.15; Efésios 1.11; Filipenses 2.13);
- Deus dá dons e chamados de acordo com a sua vontade soberana (1 Coríntios 12.11; Efésios 4.11; Hebreus 2.4);
- Deus é soberano sobre tudo, até mesmo sobre o nosso pecado, rebelião e loucura (Gênesis 20.6; 50.20; Êxodo 4.21 e Romanos 9.18; 1 Reis 12.15; Atos 2.23; 3.18; 5.38-39).[3]

Eu sei que lhe dei um monte de referências. Isto porque elas são importantes para nós. Quanto maior for a nossa consciência da soberania de Deus, mais impacto esse fato terá sobre as nossas vidas. O que, por sua vez, nos ajudará a nos tornar livres das nossas preocupações e medos. Eu quero que você saiba que a Bíblia é absolutamente clara acerca da soberania de Deus, e que você pode confiar plenamente nele e no que ele disse sobre si mesmo.

Por que a Soberania de Deus é Importante para Você

Você pode estar se perguntando por que eu gastaria tempo para falar sobre a soberania de Deus em um livro sobre medo e preocupação. Por isso mesmo: *a soberania de Deus é o único porto seguro quando somos assaltadas pelos ventos do medo, dúvida e preocupação.* O professor da Bíblia, Arthur Pink, escreveu: "Negue que Deus está governando a matéria, negue que ele está 'sustentando todas as coisas pela palavra do seu poder', e todo o senso de segurança se vai"![4] Se as tragédias, enfermidades e, até mesmo, as nossas escolhas pecaminosas são apenas um acidente ou uma circunstância aleatória, então como encontraremos algum consolo ou conforto? Se há alguma minúscula molécula flutuando ao redor do universo que não está sob o controle direto de Deus, nós nunca encontraremos a paz e a alegria que ele prometeu. Nós não as encontraremos porque estaremos sempre nos perguntando se estamos fora da vontade de Deus, ou com um problema que o pegou de surpresa ou com o qual ele é incapaz de lidar.

Antes de ser crucificado, Jesus passou muito tempo conversando com seus discípulos, preparando-os para as dificuldades que eles enfrentariam em breve. Ele os advertiu sobre as tribulações vindouras; falou do plano e do poder de seu Pai. Jesus queria que eles soubessem que ele estava no controle, mesmo que lhes parecesse que o mundo deles estava desmoronando. Ele disse:

> Eis que vem a hora e já é chegada, em que sereis dispersos, cada um para sua casa, e me deixareis só; contudo, não estou só, porque o Pai está comigo. Estas coisas vos tenho dito para que tenhais paz em mim. No mundo, passais por aflições; mas tende bom ânimo; eu venci o mundo.
>
> João 16.32-33

O que Jesus estava dizendo aos discípulos? Ele estava dizendo que estava prestes a ser tirado deles – e mais significativamente, que eles o abandonariam! Eles estavam prestes a ser dispersos como ovelhinhas assustadas. Eles o abandonariam. O que poderia levar seus fiéis seguidores, homens que haviam deixado para trás todos os bens materiais para estar com ele, a fugir? Medo. Eles estavam prestes a ficar cara a cara com um dos seus maiores medos: a morte de seu amado líder e a possibilidade de que os últimos três anos de sua vida tivessem sido gastos em vão.

Jesus queria que os discípulos soubessem que ele já sabia do pânico vindouro que sofreriam e já havia tomado providências a respeito. Jesus queria que eles soubessem que o Pai deles, o Senhor soberano, não os abandonaria. Ele queria que eles tivessem paz, mesmo no momento de maior fracasso e medo deles. Agora, perceba que Jesus não prometeu que eles não teriam problemas. Na verdade, ele lhes prometeu justamente o contrário: prometeu-lhes que em suas vidas teriam "aflições". Eles vivenciariam grande angústia e problemas. Por quê? Porque o Pai deles era fraco demais para impedir que isso acontecesse? Não, eles vivenciariam problemas porque era a vontade de Deus para eles. Ele queria que eles soubessem que seu Pai estava realmente no controle. Deus estava no controle de Judas, dos fariseus, do fraco governador romano Pilatos. Isso é o que Atos 4.27-28 diz:

> Porque verdadeiramente se ajuntaram nesta cidade contra o teu santo Servo Jesus, ao qual ungiste, Herodes e Pôncio Pilatos, com gentios e gente de Israel, *para fazerem tudo o que a tua mão e o teu propósito predeterminaram* (grifo da autora).

Entre a crucificação e a ressurreição, os discípulos teriam achado difícil de acreditar que Deus estava no controle da traição de Judas, da injustiça cruel dos fariseus e da fraqueza decepcionante de Pilatos. Somente quando eles passaram pela tribulação, após a ressurreição, que puderam ver a mão de Deus. Mas antes? Eles estavam cegos para isso. Embora Jesus os tivesse advertido e dito que o pai dele estava com ele, mesmo assim eles fugiram de medo. Eles não entenderam realmente que Deus estava no controle, não é?

Paz em meio ao Caos

Por que Jesus advertiu os discípulos? Qual era o objetivo dele? Seu objetivo era que *eles tivessem paz*. E de onde viria essa paz? Viria do conhecimento de que ele havia *vencido o mundo*. O mundo incluía Judas, Pilatos e os líderes dos sacerdotes que haviam trazido Jesus a julgamento. Embora parecesse que eram eles que estavam dando as cartas, não eram realmente eles que estavam no comando. Eles não triunfariam sobre Deus ou sobre o seu plano. Não, Jesus disse: "Tende bom ânimo; eu venci o mundo". Ele queria que eles conhecessem a sua paz, então ele lhes disse que estava no controle. Jesus já havia sujeitado o mundo e tudo o que nele há a si mesmo. Ele já havia vencido!

Você percebe como o controle soberano de Deus sobre o mundo é a chave para a sua paz? Quando parece que tudo o que lhe é precioso está sendo arrancado de você – quando parece que não há lógica nos eventos que estão bombardeando a sua vida – você consegue ver como o conhecimento do poder de Deus pode acalmar a sua alma? Quando parecia que os homens maus poderiam pôr fim ao plano de Deus, Jesus queria que seus discípulos soubessem que ele ainda estava no controle. Eles poderiam ter paz porque aquele que disse "aquieta-te" para a tempestade e que acalmou os mares ainda estava no controle.

Um Deus em Quem Você Pode Confiar

Saber que Deus está no controle não é muito reconfortante se você não souber como é o seu caráter. Ele pode ser um déspota soberano que governa o universo com ódio e malícia. Ou pode ser poderoso, mas também um velho trapalhão tolo que não sabe realmente o que é melhor para nós. Ou, ainda, um magistrado vingativo, como Javert, o inspetor malicioso em *Os Miseráveis* que perseguiu Jean Valjean até os confins da terra em nome da lei. Se você não conhecer a natureza do Deus que exerce todo esse poder, o conhecimento de que ele é soberano provavelmente não lhe trará paz. Na verdade, ele pode lhe deixar ainda mais temerosa. Aqui está um breve resumo do que a Bíblia diz sobre o caráter de Deus:

- *Deus é perfeitamente sábio.* Isso significa que ele sempre sabe o que é melhor (Romanos 16.27);
- *Deus é totalmente santo.* Sua santidade controla todas as suas ações, de forma que ele nunca age de uma maneira que seja profana, imprudente ou desamorosa (Isaías 6.3; Apocalipse 4.8);
- *Deus é totalmente amoroso.* Seu amor sempre o constrange e o orienta para nos dar aquilo de que realmente precisamos (1 João 4.8,16);
- *Deus é infinitamente misericordioso.* Sua misericórdia flui para toda a sua criação em todos os momentos, de forma que ele nunca nos dá aquilo que realmente merecemos (Êxodo 34.6-7).

Deus não é um déspota malicioso, um velho trapalhão tolo nem um inspetor celestial. Não, ele é completamente sábio, santo, amoroso e misericordioso. Quando ele age em seu poder soberano, é sempre em completa harmonia com o seu caráter. Ele não é como um dos deuses gregos que podiam ser mal-humorados ou temperamentais, ou podiam decidir bagunçar as nossas vidas para se divertirem. Ele é um Deus em quem você pode confiar porque ele "ontem e hoje, é o mesmo e o será para sempre" (Hebreus 13.8). Assim, quando surgem problemas, você pode descansar no conhecimento de que o seu problema não está fora do controle de Deus nem é algum tipo de brincadeira que ele está fazendo com você para rir às suas custas.

Por que Deus Permite a Tribulação

Você pode estar se perguntando: *se Deus está no controle – se ele realmente é soberano – então por que eu estou enfrentando esses problemas? Por que Deus simplesmente não me liberta dos meus medos ou faz com que as pessoas na minha vida mudem? Por que Deus me deixa sofrer com essas tribulações?*

Sabe, você pode nunca saber exatamente a resposta para a pergunta *por que você está sofrendo*. No entanto, aqui estão alguns pensamentos úteis para se considerar. Um dos motivos pelos quais o sofrimento faz parte da vida é porque Deus tem um objetivo maior do que apenas a nossa felicidade ou conforto temporários. Seu objetivo é a nossa felicidade eterna e a sua glória. Quando Deus permite dificuldades em nossas vidas, não é porque ele nos odeia ou é incapaz de impedir que coisas ruins aconteçam. É porque ele está interessado em aperfeiçoar a nossa fé, mudar o nosso caráter, trazer mais alegria e libertar-nos de nossos medos. Ele poderia libertá-la de seus medos? Sim. Ele vai libertá-la? Sim, quando for do seu agrado fazê-lo. Nesse meio tempo, ele está usando o seu medo para atraí-la para si e transformá-la. Se você não lutasse contra esses problemas, você não veria a necessidade que tem dele. Veja, Deus está interessado nessa mudança em você porque ele será glorificado por causa dela, e esse é o objetivo de tudo o que ele faz: a sua glória.

Como Podemos Crescer Através da Tribulação

A Bíblia fala expansivamente sobre os objetivos de Deus em nosso sofrimento:

- Deus permite as dificuldades para que experimentemos o seu conforto, aprendamos a consolar outros e para que confiemos nele e não em nós mesmas (2 Coríntios 1.3-10);
- Deus permite a tribulação para que possamos crescer em esperança (Romanos 5.3-5);
- Deus permite provações para que possamos crescer em santidade (Hebreus 12.10-11);
- Problemas são a sementeira onde a fé cresce (1 Pedro 1.7);
- Experimentar a ajuda de Deus através de nossas provações nos fortalece (Tiago 1.3-4);
- Deus quer que o nosso caráter reflita o de Cristo (Romanos 8.28-29);
- Problemas nos humilham e nos fazem correr para Jesus (1 Pedro 5.5-7);
- Nosso sofrimento produz alegria focada em Deus (1 Pedro 4.13).

Paulo, que foi submetido ao sofrimento extremo por Cristo durante toda a sua vida, escreveu: "Porque a nossa leve e momentânea tribulação produz para nós eterno peso de glória, acima de toda comparação" (2 Coríntios 4.17).

Olhe para as palavras que Paulo usa para descrever seu sofrimento "momentâneo" e "leve". E observe as palavras que ele usa para descrever os benefícios: "eterno peso de glória, acima de toda comparação"."Então a contabilidade é positiva na visão de Paulo; e com esse saldo em favor da glória eterna, ele considerava as aflições meras trivialidades, e fez do grande propósito de sua vida o ganhar a glória dos céus. Que homem sábio, olhando para essa conta, não faria o mesmo?"⁵

Nosso sofrimento está produzindo algo tão incomparável que, em vez de temer o sofrimento, ou temer o sofrimento que o nosso medo pode nos trazer, a Bíblia nos diz que devemos nos regozijar nele! Isso é chocante, não é? Mas a verdade é que estamos sendo feitas aptas para o céu. Estamos sendo preparadas para experimentar o esplendor, a magnificência, a honra e a felicidade do mundo eterno. O sofrimento faz isso por nós, e aprender a confiar em Deus na tempestade é justamente o que precisamos.

Não estou dizendo que você deva tentar propositadamente trazer problemas sobre si mesma, ou fazer o que puder para manter os problemas vindo. Em vez disso, temos que perceber que os problemas são inevitáveis e não devemos fugir ou tentar nos esconder deles. Devemos enfrentá-los em oração e fé, crendo que Deus os usará para a nossa alegria suprema.

Exemplos de Crescimento Através da Tribulação

O apóstolo Paulo não é o único que percebeu o benefício dos problemas. Muitas outras pessoas, ao longo da história, aprenderam isso também. Madame Guyon, que nasceu em 1638 e foi perseguida por causa de sua fé, passou muitos anos presa em uma masmorra iluminada apenas por uma vela na hora das refeições. Ela escreveu esse poema sobre a sua experiência:

Um passarinho sou,
Tirado das campinas;
Mas na gaiola eu pouso e canto
Quem me deu esta sina;
Sou prisioneira alegre, e quanto!
Porque, meu Deus, isso Te apraz[6] (grifo da autora).

Depois de viver uma infância de hediondo abuso sexual e físico em vários lares adotivos, Doris Van Stone, autora de *Não Tive Onde Chorar: A Dor e a Cura do Abuso Sexual*, escreveu: "Posso dizer, honestamente, que não há nada na minha vida que eu mudaria... posso dizer que não mudaria nada por este único motivo: *Deus foi glorificado por meio do meu sofrimento*"[7] (grifo da autora).

Eu amo a história do fundador da Reforma Protestante, Martinho Lutero. Em 1521, ele foi chamado perante um tribunal e ordenado a retratar seus escritos. Certamente teria sido compreensível se Lutero tivesse feito isso, pois a ordem havia sido emitida pelo imperador, e sua desobediência carregava uma sentença de morte. Diante da Igreja e do governo, Lutero pediu por uma noite para considerar sua resposta.

Você pode imaginar a confusão que se alastrou em seu coração durante aquela noite sombria. Era errado se recusar a obedecer ao seu imperador? Será que Deus queria que ele morresse como um mártir? Suas crenças eram realmente tão diferentes que ele tinha que morrer por elas? Por que Deus não o estava protegendo? Por que ele tinha que enfrentar essa aflição? Você pode imaginar a confusão e o medo que devem ter se instalado em seu coração? Após lutar durante toda a noite com Deus, seus medos e sua consciência, Lutero se encontrou no dia seguinte com a comissão. Isto é o que ele disse:

A menos que você possa provar pela Bíblia que eu fiz afirmações erradas, eu não posso e não irei me retratar de nada. Minha consciência está sujeita à Palavra de Deus. Aqui permaneço. Não posso fazer o contrário. Deus me ajude. Amém.

As palavras de Lutero ressoaram através dos tempos à medida que milhões de mártires estiveram diante de seus perseguidores e de seus medos. "Aqui permaneço. Não posso fazer o contrário. Deus me ajude".

Lutero estava convencido de que o Deus soberano a quem ele servia era capaz de libertá-lo ou de dar-lhe a graça de enfrentar sua própria morte. Ele sabia que a única resposta para o seu medo era a fé no Deus que governava sobre todos os governantes, o Deus que tinha total controle sobre a sua vida.[8]

Ao enfrentar seus medos – medo de sofrer, medo de fracassar, medo de problemas e tribulações – você pode ter certeza de que o Deus que a amou o suficiente para enviar o seu Filho para morrer por você está governando todo o universo. Se, em seu plano amoroso, você tem que se curvar diante do que parece ser uma providência ruim, você pode ter certeza de que ele deseja a sua felicidade suprema. Ele está agindo para livrá-la de suas preocupações – não através da libertação de seus problemas, mas arranjando as circunstâncias de forma que, à medida que você passar por eles, você experimente a verdade de que ele é tudo o que ele diz ser.

A Confiança no Controle de Deus

Um dia antes da nossa filha nascer, meu marido perdeu o emprego. Consigo me lembrar do medo que se instalou em meu coração depois que ele chegou em casa do trabalho e compartilhou a notícia. O que iríamos fazer? Como sobreviveríamos? O que aconteceria com a nossa pequena família? Naquela noite, iniciou-se um longo ano de lição sobre confiança. Se você tivesse me perguntado naquele momento se eu sabia o que Deus estava fazendo, eu teria dito: "Não, e se você souber, por favor, me diga!" Mas agora, em retrospectiva, eu estimo esse tempo como uma lição muito especial que veio da mão de meu Pai amoroso.

Sempre tive medo de que nós "não conseguíssemos nos sustentar financeiramente". O medo de que Deus não proveria para nós era algo que eu sempre tive, mas nunca havia realmente lidado com ele. Mas quando Deus, em sua providência amorosa, fez com que o meu marido perdesse o emprego, ele me fez ficar cara a cara com o terror que pensei que nunca pudesse enfrentar. Aprendi, durante os meses difíceis que se seguiram, como Deus podia cuidar de nós mesmo que não tivéssemos todo o dinheiro que eu pensava que nós precisávamos. Hoje sou grata por essa lição, pois ela serve como um lembrete constante e encorajador de que Deus está reinando soberano sobre tudo, e eu posso confiar nele.

Será que a verdade da soberania de Deus é exatamente aquilo de que a Carol, a Bárbara, o Dave, o Nate, a Jan, você e eu precisamos? Claro que é. Carol precisa encontrar conforto em saber que Deus está no controle de sua igreja, e que ele a está protegendo e realizando a sua vontade ali. Aqueles que acusam e aqueles que são acusados estão em suas mãos, e ele não permitirá que a turbulência continue por nem mais um momento que não seja da sua vontade. Bárbara precisa saber que Deus está lá, com ela, no meio de suas tragédias, e que ele usará toda a sua dor para a glória dele e o bem dela. Ela já está começando a ver que a sua vida, por mais difícil que tenha sido, é uma ferramenta poderosa nas mãos de Deus para levar outros até o Filho. Dave e Anne precisam ver que Deus é soberano sobre a vida e a morte, e que, apesar de seus corações estarem sendo esmagados, ele prometeu estar com eles tanto na vida quanto na morte. Eles podem confiar que Deus pode curá-la, se ele quiser. Ele pode milagrosamente curá-la em resposta à oração ou através de esforços do médico dela. Mas, nesse meio tempo, ele está ensinando-os a confiarem nele e a dependerem dele de uma forma que eles nunca haviam experimentado.

Nate precisa perceber que Deus traz calamidades para as nossas vidas para o nosso bem, e a presença da calamidade não significa que nós, de alguma forma, desagradamos a Deus ou deixamos de entender a sua vontade. Deus tem prazer em nos ensinar que nós podemos passar por isso, mesmo nos piores cenários. Ele está usando esse desastre para humilhar o coração de Nate e reorientá-lo. Jan está enfrentando as consequências de sua vida passada ao ser infectada por um vírus que pode vir a dominá-la. Deus está usando a sua doença para libertá-la de seus medos e do amor ao mundo, e ele a está preparando para o céu. Ele está ensinando a ela que, assim como ela aprendeu a confiar nele para a sua salvação, ela pode confiar nele dia após dia com relação à sua saúde e força. Com Deus, ela pode enfrentar o seu maior medo – a morte – sabendo que ele, de alguma forma, será glorificado por meio de sua vida.

Um Porto Seguro

Será que precisamos abraçar a soberania de Deus à medida que enfrentamos cada um dos nossos medos? Sim, porque é somente nela que encontraremos a paz que Jesus prometeu. Lembre-se: no mundo você terá aflições, mas você pode ter bom ânimo, o mundo não está no controle. "Eu venci o mundo" é a promessa de Jesus para você.

Lembre-se, também, de que a soberania de Deus é um porto seguro onde podemos nos refugiar. Considere as palavras de Paulo na seguinte passagem da Bíblia; reflita sobre o seu significado em seu coração. Este é o poder do Rei soberano a quem você serve:

> Quem nos separará do amor de Cristo? Será tribulação, ou angústia, ou perseguição, ou fome, ou nudez, ou perigo, ou espada? Como está escrito: Por amor de ti, somos entregues à morte o dia todo, fomos considerados como ovelhas para o matadouro. Em todas estas coisas, porém, somos mais que vencedores, por meio daquele que nos amou. Porque eu estou bem certo de que nem a morte, nem a vida, nem os anjos, nem os principados, nem as coisas do presente, nem do porvir, nem os poderes, nem a altura, nem a profundidade, nem qualquer outra criatura poderá separar-nos do amor de Deus, que está em Cristo Jesus, nosso Senhor.
> Romanos 8.35-39

Para Reflexão

1 - Escreva a definição de *soberania*, como indicado na página 161. O pensamento a respeito do governo soberano de Deus é algo novo para você? Você acha isso reconfortante ou preocupante? Por quê?

2 - Depois de analisar o que Deus diz a respeito de seu governo soberano nas páginas anteriores, escolha o fato que parece ser mais difícil de acreditar e procure cada uma das referências.

3 - O que significa "o homem propõe, Deus dispõe" para você? O que isso significa em uma circunstância específica que esteja vivendo?

4 - Na tabela abaixo, liste os seus quatro medos mais comuns. Na outra coluna da tabela, escreva como a soberania de Deus pode confortá-la em suas preocupações.

Seus Medos	Seus Confortos em Deus
1.	1.
2.	2.
3.	3.
4.	4.

5 - Jeremias 10.23 diz: "Eu sei, ó SENHOR, que não cabe ao homem determinar o seu caminho, nem ao que caminha o dirigir os seus passos". Charles Spurgeon chamou isso de "Uma Verdade Instrutiva" e pregou um sermão sobre isso, parte do qual é citado abaixo. Permita que Deus conforte e encoraje o seu coração por meio dessas palavras:

Filho de Deus, refletirás, por um momento, sobre o poder superior de Deus mesmo no caso do mais poderoso e perverso dos homens? Eles pecam grosseiramente, e o que eles fazem é feito de livre vontade, e a responsabilidade por isso encontra-se em sua própria porta. Disso não podemos nunca esquecer, pois a livre agência do homem é uma verdade autoevidente; mas, ao mesmo tempo, Deus é onipotente, e ainda está trabalhando em seus sábios projetos, como ele fez no passado, no turbilhão de ira humana, na tempestade do pecado humano e, até mesmo, nas minas escuras da ambição humana e da tirania, o tempo todo manifestando sua soberana vontade entre os homens, como o oleiro forma os vasos ao girá-lo de acordo com sua própria vontade.

Esta verdade deve ser lembrada por nós, porque tende a tirar de nós todo o temor de homem. Porque deverias tu, ó crente, ter medo de um homem que é mortal, ou filho de homem, que não é senão um verme? Tu estás, como filho de Deus, sob proteção divina; assim, quem é que te prejudicará enquanto tu és um seguidor daquele que é bom? Lembra-te desta promessa antiga, "Toda arma forjada contra ti não prosperará; toda língua que ousar contra ti em juízo, tu a condenarás; esta é a herança dos servos do SENHOR" (Isaías 54.17). O mais poderoso inimigo da Igreja não pode fazer nada sem a permissão de Deus. Ele pode colocar um freio na boca do Leviatã, e fazer com ele o que lhe apraz. O Deus

Todo-Poderoso é Mestre e Senhor mesmo sobre os homens que imaginam que todo o poder está em suas mãos. E enquanto essa verdade deve banir o nosso temor de homem, ela também deve garantir nossa submissão à vontade de Deus. Suponhamos que o Senhor permita que Nabucodonosor devaste a terra que deu a seu povo por aliança; é Deus quem o permite, portanto, não penses tanto do instrumento utilizado por ele quanto da mão em que esse instrumento se encontra. Estás aflito, pobre alma, por algum espírito cruel? Lembra-te que Deus permite que sejas tentado assim, e não te irrites com o que é apenas a segunda causa de teu problema, mas crê que o Senhor permite que isso aconteça a ti para o teu bem, e, portanto, submete-te a ele.

Esta verdade deve também fortalecer a nossa fé. Quando o medo vai, a fé vem. É fácil confiar em Deus quando tudo corre bem; mas a fé genuína confia em Deus em meio à tempestade.[9]

O Medo que Resulta em Bênçãos

"*O temor de Deus é o único temor que dispersa todos os outros.*"[1]

–Jay E. Adams
Líder do movimento de aconselhamento bíblico, autor e pastor

A música das trombetas e címbalos encheu o ar mais uma vez. Os líderes haviam sido chamados de todas as províncias para adorar a estátua de ouro que o rei Nabucodonosor havia erguido. Como sinal de sua fidelidade ao rei que governava como um deus, eles se curvaram diante de sua estátua. O rei Nabucodonosor olhava com orgulho sobre os homens que se dobravam ao seu comando. Enquanto fazia isso, seus assessores vieram a ele com uma surpreendente notícia. "Bom rei", disseram eles, "há três judeus que você constituiu como administradores sobre a província da Babilônia que se recusam a curvar-se diante da sua estátua!" O rei ficou cheio de ira. "Traga-os para mim!", ele gritou.

Os três jovens hebreus foram trazidos perante o rei. Ele lhes perguntou: "Isto é verdade? Vocês têm a coragem de desobedecer ao meu comando? Vou dar-lhes mais uma chance, mas se vocês desobedecerem, eu jogarei os três na fornalha ardente, e ninguém poderá salvar vocês – nem mesmo o seu Deus!"

Os jovens Sadraque, Mesaque e Abede-Nego deram uma resposta surpreendente ao rei. Eles disseram:

> Ó Nabucodonosor, quanto a isto não necessitamos de te responder. Se o nosso Deus, a quem servimos, quer livrar-nos, ele nos livrará da fornalha de fogo ardente e das tuas mãos, ó rei. Se não, fica sabendo, ó rei, que não serviremos a teus deuses, nem adoraremos a imagem de ouro que levantaste.
>
> Daniel 3.16-18

Você pode imaginar o medo que deve ter enchido o coração desses três homens enquanto o rei se enfurecia contra eles? "Deixe o fogo mais quente ainda!", ele gritou. Será que esses homens eram tão corajosos que o pensamento de ser queimado vivo não os alarmava? Eu duvido, e você? Eu posso imaginar que eles já haviam decidido que a morte deles era um resultado provável da ordem do rei. Eles provavelmente haviam conversado e orado juntos para que Deus os ajudasse a se posicionarem contra o rei e a enfrentarem suas mortes iminentes. Por que eles estavam dispostos a fazer isso? Porque eles sabiam que deviam temer Deus mais do que qualquer outra coisa no mundo, mesmo que isso significasse ter que desobedecer ao rei. Essa era uma lição que eles haviam aprendido quando foram exilados de sua terra natal em Judá por idolatria. O exílio lhes havia ensinado a temer e a adorar somente Deus. E, assim, mesmo que a recusa em se curvar significasse a provável execução deles, eles não cederiam às exigências do rei ímpio.

Ao lermos essa história milhares de anos mais tarde, pode não parecer que eles tenham tido uma escolha dura para fazer. Afinal de contas, Deus os libertou. Mas vamos nos lembrar de que eles não tinham qualquer garantia do que Deus faria. Eles não sabiam se ele os livraria ou não. Tudo o que eles sabiam era que eles deviam temê-lo mais do que temiam o rei. Jesus repetiu esse mesmo pensamento quando disse: "Digo-vos, pois, amigos meus: não temais os que matam o corpo e, depois disso, nada mais podem fazer. Eu, porém, vos mostrarei a quem deveis temer: temei aquele que, depois de matar, tem poder para lançar no inferno. Sim, digo-vos, a esse deveis temer" (Lucas 12.4-5).

Em sua luta para vencer os seus medos, o fator que mais permitirá que você cresça será *o temor de Deus*. Vamos tirar alguns momentos agora para entender esse diferente tipo de temor, e então veremos como ele pode ser cultivado em nossas vidas.

O QUE É O TEMOR DE DEUS?

O Dr. Jay Adams define o temor de Deus como "a obediência amorosa e respeitosa a Ele".[2] O Dr. Ed Welch, em seu livro muito útil *Quando as Pessoas São Grandes e Deus é Pequeno*, escreve:

> Esse temor do Senhor significa *submissão reverente que leva à obediência*, e é intercambiável com "adoração", "dependência", "confiança" e "esperança". Assim como o medo, inclui um conhecimento lúcido da justiça de Deus e de sua ira contra o pecado. Mas esse temor reverente também conhece o grande

perdão, misericórdia e amor de Deus... Isso faz com que nos submetamos alegremente ao seu senhorio e tenhamos prazer na obediência. Esse tipo de temor robusto é o auge de nossa resposta a Deus".³

O temor do Senhor não é o terror servil de um escravo que desagradou um capataz exigente. Ele não nos leva *para longe* de Deus; mas sim *em direção* a ele, em humilde obediência e adoração. A Bíblia diz que os demônios têm esse terror servil de Deus; eles "tremem" diante dele (Tiago 2.19). Mas esse não é o temor que Deus quer que seus filhos tenham. De fato, ele quer que você saiba que ele é santo, diferente de nós e que você não pode enganá-lo. Mas ele não quer que esse conhecimento a afaste dele. Ele quer que esse conhecimento a conduza em direção a ele – e faça com que você fuja para ele em busca de misericórdia e graça. Spurgeon escreveu,

> Entre o temor de um escravo e o temor de um filho, todos nós podemos perceber uma grande distinção. Entre o temor do grande poder e justiça de Deus que os demônios têm, e o temor que um filho de Deus tem quando anda na luz com o seu Deus, há tanta diferença, com certeza, como entre o inferno e o céu.⁴

Muitas pessoas que lutam contra medos e ansiedades têm uma visão distorcida do Senhor. Essa visão faz com que elas se concentrem mais em sua ira, suas exigências, sua imensidão e sua "divindade incontrolável" em detrimento de suas outras características. Quer elas façam isso porque viveram uma infância difícil, tiveram um pai ou um cônjuge abusivo, ou apenas porque têm uma natureza mais receosa, a realidade é que o terror é mais um fator em seu relacionamento com Deus do que uma reverência prazerosa. O equilíbrio que Deus quer nos fazer alcançar é aquele que retém *todas* as suas qualidades, e não apenas algumas delas.

O terror do Senhor é uma emoção que Satanás usará para mantê-la longe de sua única fonte de auxílio. Ele continuará a apontar suas falhas: como você falhou, como você é diferente dos outros, como Deus não poderia amar você de maneira nenhuma. Na Bíblia, Satanás é chamado de "acusador de nossos irmãos" (Apocalipse 12.10), e isso é exatamente o que ele é. Ele lhe dirá que você é mais fraca do que outros cristãos, que você não teve a educação correta, que você não tem as habilidades certas, ou o temperamento, ou a experiência para ser um crente forte. Ele apontará todas as possibilidades de fracasso e lhe dirá que a única jogada inteligente para você é desistir.

No clássico livro de John Bunyan, *O Peregrino*, vemos uma ilustração esclarecedora desse tipo de medo. Durante uma parte difícil da viagem do peregrino para a Cidade Celestial, ele se encontra com alguns homens correndo em sua direção. Seus nomes são Temeroso e Desconfiança. Cristão pergunta-lhes por que eles estavam fugindo. Temeroso responde:

... que estavam indo à Cidade de Sião e haviam chegado àquele lugar difícil. Mas, disse ele, quanto mais avançamos, mais perigos encontramos. Por isso, volvemo-nos e estamos voltando.

Sim, afirmou Desconfiança, porque logo à nossa frente, no caminho, encontram-se dois leões (se dormindo ou acordados, não o sabemos); somente podíamos imaginar que, se chegássemos ao seu alcance, logo nos despedaçariam. Cristão exclamou: Vocês me atemorizam. Mas para onde me apressarei a fim de me sentir seguro? Se voltar a meu próprio país, que está destinado ao fogo e ao enxofre, certamente perecerei ali. Se puder chegar à Cidade Celestial, tenho certeza de que lá estarei em segurança. Preciso me aventurar. Voltar significa apenas a morte. *Prosseguir significa medo da morte e a vida eterna mais adiante. Continuarei seguindo em frente"* (grifo da autora).[5]

Não é profunda a pequena ilustração de Bunyan? A única maneira de se superar o medo é movendo-se em direção a Deus, em direção à vida eterna, em direção à Cidade Celestial. A única maneira de você e eu superarmos os medos que nos assombram e nos levam ao desespero é fugindo, com todas as nossas forças, em direção ao Deus que nos chama. Talvez, ao olhar para a sua circunstância, pareça que há leões esperando para devorar você. Ou até mesmo o medo em si esteja ameaçando engoli-la. A maneira de se libertar do seu medo não é fugindo dele, mas sim prosseguindo em alegre obediência e fé diante do medo.

Se a minha vida não fosse tão tumultuada, você poderia pensar, *eu seria capaz de servir a Deus. Quando as coisas se acalmarem, eu lhe obedecerei.* Você percebe a tolice que é se esconder longe dele em vez de recorrer a ele como o seu esconderijo? Nossas vidas sempre serão assaltadas por todos os lados com terrores, dificuldades, incertezas e perspectivas sombrias. Não podemos recuar de nosso dever para com Deus porque é esse dever, essa obediência cheia de temor, que arrebentará as correntes do medo de nossos corações e inundará nossas almas com luz.

Os Benefícios de Temer a Deus

O tipo de temor do qual estou falando – o tipo que a Escritura ordena – é o temor que a leva em direção a Deus, que faz com que você caia diante dele em adoração jubilosa, que mantém o seu coração continuamente focado na sua vontade, aconteça o que acontecer. A Bíblia fala bastante sobre os benefícios encontrados nesse tipo de temor. Aqui estão alguns versículos para a sua reflexão:

- "O temor do Senhor é o princípio da *sabedoria*" (Salmo 111.10);
- "*Bem-aventurado* o homem que teme ao Senhor" (Salmo 112.1);
- "O temor do Senhor é o princípio do *saber*" (Provérbios 1.7);
- "No temor do Senhor há *firme confiança*" (Provérbios 14.26);
- "O temor do Senhor é *fonte de vida*" (Provérbios 14.27);
- "O temor do Senhor *conduz à vida*; aquele que o tem ficará *satisfeito, e mal nenhum o visitará*" (Provérbios 19.23);
- "Haverá, ó Sião, *estabilidade nos teus tempos, abundância de salvação, sabedoria e conhecimento*; o temor do Senhor será o *teu tesouro*" (Isaías 33.6);
- "Porei o meu temor no seu coração, para que *nunca se apartem de mim*" (Jeremias 32.40);

As vantagens de se desenvolver esse tipo de temor são óbvias. O temor do Senhor fornecerá a força de que você precisa para enfrentar e superar seus medos mais profundos. Isso porque Deus abençoa esse tipo de temor. Por meio desse temor, ele a capacitará a tornar-se o tipo de crente que você sempre quis ser.

O apóstolo Pedro, que geralmente não é considerado um baluarte de bravura, escreveu o seguinte para as esposas que estavam enfrentando discórdia e perseguição em suas casas: praticai o bem e não temei perturbação alguma (1 Pedro 3.6). Mais tarde, na mesma passagem, ele também escreveu: "Não vos amedronteis, portanto, com as suas ameaças, nem fiqueis alarmados; antes, santificai a Cristo, como Senhor, em vosso coração" (versos 14-15). O que Pedro está nos dizendo? Ele está dizendo que temos que temer a Deus mais do que tememos qualquer coisa ou pessoa. Ele está dizendo que, mesmo diante de nossos medos mais graves, devemos temer mais a Deus e seguir adiante em fiel obediência.

Nós não podemos impedir que os nossos corações acelerem ou que o nosso estômago fique embrulhado. Nós não podemos controlar nossos sintomas físicos. Mas podemos, pelo poder e pela graça de Deus, oferecer a nossa alegre obediência a ele – e ter a certeza de que ele nos dará confiança e calma em meio à tempestade.

Aprendendo a Temer a Deus

Espero ter aguçado o seu apetite para cultivar o temor do Senhor, e agora quero apresentar-lhe algumas medidas práticas que a ajudarão a começar hoje. A fim de ajudá-la a se lembrar dos passos para desenvolver um temor piedoso, eu desenvolvi um acróstico: TEMA DEUS. Não olhe para esses passos como estando em ordem de importância; estou apenas lhe dando uma maneira prática para se lembrar deles. Na verdade, você precisará praticá-los simultaneamente em vez de consecutivamente.

Tenha suas promessas como alimento.

Eternize-as em seu coração.

Mantenha-se firme em seus mandamentos.

Alegre-se em seu amor.

Descanse em seu amor.

Esteja com ele em oração.

Use o seu dia para ele.

Sujeite-se à força do Senhor e dependa dela.

Vamos ver cada letra desses passos para que você possa começar, agora mesmo, a fortalecer a sua caminhada com ele.

Tenha Suas Promessas como Alimento

Muitos cristãos que lutam contra o tipo errado de temor geralmente se focam em versículos da Bíblia sobre a raiva, a ira e o juízo de Deus. Esses aspectos de Deus estão na Escritura, mas, para se ter uma perspectiva correta e equilibrada, também devemos gastar tempo olhando para as muitas maravilhosas promessas das bênçãos de Deus. Eu listei algumas abaixo para você:

- Ele prometeu amá-la para sempre (Jeremias 31.3);
- Ele prometeu nunca abandoná-la (Hebreus 13.5);
- Ele prometeu nunca colocá-la em uma situação que é mais do que você pode suportar (1 Coríntios 10.13);
- Ele prometeu encher o seu coração de paz e alegria (João 15.11; 16.24,33);
- Ele prometeu acolher todos os que vêm até ele (João 6.37);
- Ele prometeu ouvir todas as suas orações (Lucas 11.9-10);
- Ele prometeu lhe dar a força de que precisa para cada situação (Filipenses 4.13);
- Ele prometeu ser um pai para você, ao prover para você e protegê-la (Gênesis 22.14; Isaías 64.8);
- Ele prometeu perdoar todos os seus pecados (1 João 1.9);
- Ele prometeu guardá-la de todo o mal (Salmo 121.7; João 10.28);
- Ele prometeu que você se unirá a ele no céu (João 6.40; 14.3).

Eternize-as em Seu Coração

A única maneira pela qual você será capaz de lutar contra os ataques de medo ou pânico é com a ajuda da Palavra de Deus. A Bíblia é chamada de "espada do Espírito" (Efésios 6.17), e, com ela, o Espírito Santo pode nos ajudar a matar os dragões da incredulidade, dúvida e medo.

Como muitos pensam, memorizar a Escritura pode parecer muito difícil. Deixe-me encorajá-la a escolher um versículo por semana desses listados neste capítulo a fim de memorizá-los. Se você for uma aprendiz visual, em vez de dizer o versículo em voz alta várias vezes, por que não escrevê-lo várias vezes? Você também pode andar com um cartão com o versículo escrito e sempre que tiver um momento livre poderá ler o versículo ou escrevê-lo novamente.

Mantenha-se Firme em Seus Mandamentos

Observar os mandamentos da Palavra de Deus será de grande benefício para você superar os seus temores pecaminosos. Quando você estiver tentada a fugir de uma obediência difícil, como falar com um conhecido sobre o Senhor ou ajudar alguém que está em necessidade, lembre-se de que o único poder no céu e na terra que é forte o suficiente para ajudá-la é o de Deus. Ele está ali para ajudá-la a obedecer-lhe e, quanto mais você praticar cada obediência difícil, mais forte você se tornará.

Lembre-se de que crescer em santidade é apenas isso – crescimento. O autor David Powlison diz que o nosso crescimento espiritual é muito parecido com um ioiô sendo levado por um homem que está subindo um lance de escadas. Nosso crescimento tem altos e baixos como o ioiô, mas a nossa dinâmica geral é sempre para cima, como o homem subindo as escadas.

Alegre-se e Descanse em Seu Amor

Para pessoas que têm a consciência excessivamente sensível ou que estão cheias de medo de Deus, alegrar-se e descansar parece quase impossível. *Se eu baixar a minha guarda, e realmente pensar em me alegrar nele, tenho medo do que possa acontecer. Talvez ele pense que eu não o estou respeitando. Talvez ele fique com raiva.* A verdade é que somos ordenadas a descansar em sua justiça e amor, e a alegrarmo-nos com felicidade diante dele. Por exemplo, o Salmo 37.7 diz que devemos descansar no Senhor e esperar nele. E Paulo disse aos filipenses para alegrarem-se sempre no Senhor – não disse apenas uma vez, mas duas! (Filipenses 4.4).

Esteja com Ele em Oração

Como vimos no capítulo 7, a oração de gratidão é uma das principais chaves para libertar o seu coração da preocupação. É também a maneira pela qual você será liberta do tipo errado de temor. Peça a Deus para livrá-la de seus medos; diga-lhe quais são as suas preocupações e lembre-se de agradecer a ele.

Use o Seu Dia para Ele

Um problema da preocupação é que ela nos impede de fazer as coisas que precisamos fazer. Por exemplo, ao escrever este livro, eu me senti oprimida e temerosa algumas vezes. Tive medo de que não soubesse dizer o que precisava ser dito. Ou que não fosse capaz de cumprir meus prazos. Tive receio de que meu editor não gostasse do que eu escrevi, ou que eu fosse mal interpretada. E depois, há sempre o medo dos críticos! Mas quanto mais penso sobre os meus medos, mais tempo eu perco e, ao fazer isso, mais eu fico para trás.

Em vez de deixar o medo e a preocupação monopolizarem o tempo limitado que tenho em minhas mãos, preciso agir... e deixar o resultado nas mãos de Deus. Quanto mais temerosa você estiver sobre algo que acontecerá ao longo do dia, mais necessário é que você programe o seu dia e se concentre naquilo que Deus já colocou diante de você. Se você estiver com medo de ir ao mercado, então vá até lá primeiro e acabe com o seu medo. Organize o seu tempo de forma a demonstrar o seu desejo de agradar a Deus, e não se permita preocupar-se ou inquietar-se com o que poderia acontecer se....

A seguir está uma programação para você preencher. Olhe para a tabela na página 153 (no capítulo 7). Nessa tabela você priorizou suas preocupações – as tarefas com as quais você tende a se preocupar. Usando a programação da página 194, imagine as tarefas que você precisa completar, quanto tempo cada uma requer para ser concluída e os benefícios de se completá-la.

Dia	Tarefa (DV)	Tempo Necessário	Benefício
Domingo			
Segunda-feira			
Terça-feira			
Quarta-feira			
Quinta-feira			
Sexta-feira			
Sábado			

Em seguida, apresente toda a programação ao Senhor, reconhecendo que ele é o Senhor sobre todas as atividades, e que isso é o que você gostaria de realizar – *a menos que ele tenha outros planos*. Eu coloquei as letras DV na tabela, que representam *Deo Volente*, que em latim significa "se Deus quiser". Lembre-se de que Deus lhe dará a força para fazer o que quer que ele tenha ordenado a você.

Você verá que eu completei uma parte da programação para que você possa ter uma ideia de como usá-la. Também incluí outra tabela de programação no Apêndice C, na página 275, para que você possa fazer cópias para uso pessoal.

Dia	Tarefa (DV)	Tempo Necessário	Benefício
Domingo	Ir à igreja. Gastar o dia com oração, louvor, comunhão e memorização da Bíblia.	Todo o dia	Eu terei a oportunidade de ouvir a Palavra de Deus e de ter comunhão com outros crentes.
Segunda-feira	Planejar as refeições para a semana. Fazer uma lista de compras. Orar por força para ir até o mercado. Memorizar um versículo.	Uma hora Quinze minutos	Refeições melhores para a família. Eu me lembrarei de que Deus prometeu me ajudar
Terça-feira	Ir até o mercado. Lembrar de orar por força e de agradecê-lo.	Duas horas	Deus se alegrará com os meus esforços em obedecê-lo. Minha família ficará contente por ter comida em casa.
Quarta-feira	Escrever uma carta para uma amiga, dizendo-lhe o que Deus está fazendo em minha vida.	Uma hora	Minha amiga será encorajada, e o Senhor receberá glória pela minha vida.
Quinta-feira	Limpar os armários e lavar roupa. Lembrar de orar!	Quatro horas	Nós teremos roupa para usar, e eu não me preocuparei mais com os armários bagunçados.
Sexta-feira	Fazer uma caminhada e conversar com Deus enquanto isso. Relembrar o versículo memorizado	Meia hora	Eu me sentirei melhor e não me sentirei mais como se estivesse me escondendo dentro de casa.
Sábado	Fazer o café da manhã para a família e sugerir alguma recreação que todos possamos fazer.	Uma hora	Tomar tempo para estar com a família e mostrar que eu me importo com eles os encorajarão, e isso me dará a oportunidade de lhes mostrar o que Deus está fazendo na minha vida.

Lembre-se, essa tabela é apenas uma ferramenta para você usar enquanto aprende a temer a Deus da maneira correta. Não olhe para ela como se tivesse sido gravada em pedra, e não sinta-se fracassada se não realizar tudo o que está escrito nela. Por outro lado, peça a Deus força para cumprir as metas que você definiu e confie que ele lhe capacitará a cumpri-las.

Sujeite-se à Força do Senhor e Dependa Dela

A verdade sobre superar o medo ou qualquer outro problema é que nós não podemos fazê-lo por conta própria. Eu poderia encher todas as páginas deste livro com tabelas, gráficos e muitas páginas de histórias, mas sem a ajuda de Deus, você e eu nunca poderíamos realmente mudar a essência do nosso ser. Vejamos algumas passagens que falam sobre Deus compartilhando a sua força conosco e, então, veremos como podemos desenvolver um coração dependente. Sei que listei uma série de versículos, mas fiz isso para que você possa ser encorajada pela verdade de Deus. Esses são bons versículos para você gravar em seu coração à medida que você cresce em força. As partes em itálico estão enfatizadas por mim.

- "Ó Senhor Deus! Passaste a mostrar ao teu servo a tua grandeza e a tua poderosa mão; *porque que deus há, nos céus ou na terra, que possa fazer segundo as tuas obras, segundo os teus poderosos feitos?*" (Deuteronômio 3.24);
- "Sede fortes e corajosos, não temais, nem vos atemorizeis diante deles, porque o Senhor, vosso Deus, é quem vai convosco; *não vos deixará, nem vos desamparará*" (Deuteronômio 31.6);

- "Não to mandei eu? Sê forte e corajoso; não temas, nem te espantes, porque o Senhor, teu Deus, é contigo por onde quer que andares" (Josué 1.9);
- "Quem é o Rei da Glória? O Senhor, forte e poderoso, o Senhor, poderoso nas batalhas" (Salmo 24.8).
- "Espera pelo Senhor, tem bom ânimo, e fortifique-se o teu coração; espera, pois, pelo Senhor" (Salmo 27.14);
- "Torre forte é o nome do Senhor, à qual o justo se acolhe e está seguro" (Provérbios 18.10);
- "Faz forte ao cansado e multiplica as forças ao que não tem nenhum vigor. Os jovens se cansam e se fatigam, e os moços de exaustos caem, mas os que esperam no Senhor renovam as suas forças, sobem com asas como águias, correm e não se cansam, caminham e não se fatigam" (Isaías 40.29-31);
- "Não temas, porque eu sou contigo; não te assombres, porque eu sou o teu Deus; eu te fortaleço, e te ajudo, e te sustento com a minha destra fiel" (Isaías 41.10);
- "A minha graça te basta, porque o poder se aperfeiçoa na fraqueza. De boa vontade, pois, mais me gloriarei nas fraquezas, para que sobre mim repouse o poder de Cristo. Pelo que sinto prazer nas fraquezas, nas injúrias, nas necessidades, nas perseguições, nas angústias, por amor de Cristo. Porque, quando sou fraco, então, é que sou forte" (2 Coríntios 12.9-10);
- "Sede fortalecidos no Senhor e na força do seu poder" (Efésios 6.10).

A Força Dele ou a Sua?

Sei que a maioria dos cristãos anseia por experimentar a força de Deus e viver em total dependência dele. O que é difícil é tentar discernir como é o viver dependente. Será que isso significa que eu não movo a minha mão se Deus não movê-la? Será que significa que tenho que esperar que Deus me dê algum tipo de transfusão de poder para que eu possa obedecer? Não, a verdade é que se você pertence a Cristo já lhe foi dado todo o poder de que você precisa. O Espírito Santo, que habita em todos os crentes, está diariamente capacitando-a a obedecer. Sua parte em depender de Deus é pedir por sua força, obedecer por meio do seu poder, louvá-lo quando você for bem-sucedida e agradecê-lo quando não for. Em outras palavras, sujeitar-se à força de Deus significa viver cada passo do caminho com a consciência de que você precisa da ajuda dele. E, mesmo se você falhar em fazer isso, Deus redimirá a experiência e a usará para o seu bem.

A Promessa de Bênçãos e Liberdade

Eu sei que dei a você bastante informação para pensar neste capítulo. Eu tentei encorajá-la com a verdade de que a única maneira pela qual você pode vencer seus medos é abraçando o temor que é mais forte do que qualquer outro: o temor de Deus. Eu espero que você reserve tempo para memorizar o acróstico TEMA DEUS, e comece a experimentar a libertação do medo que o temor de Deus trará.

Para encerrar, gostaria de compartilhar uma breve citação do sermão de Charles Spurgeon, "Um Temor para Ser Desejado":

> Quando o coração está cheio com o temor de Deus, não há espaço para outros temores. O temor de Deus deve reinar supremo no coração. Quando isso acontece, ele lança fora todos os outros medos que nos escravizavam... Esse temor nos leva em direção ao Senhor. Quando realmente conheceres a Deus, hás de ser três vezes mais feliz se, de fato, correres em direção a ele, prostrando-te diante dele, adorando-o com a cabeça curvada, porém com coração alegre, o tempo todo com o temor que direciona para ele, e não para longe dele. Bem-aventurado é o homem cujo coração está repleto deste santo temor que inclina seus passos no caminho dos mandamentos de Deus, inclina seu coração para buscar a Deus e inclina toda a sua alma a entrar em comunhão com Deus, para que possa se familiarizar com ele e estar em paz.[6]

Você não gostaria de experimentar as bênçãos de temer a Deus? Você não gostaria de experimentar doce comunhão com aquele que a ama mais do que você jamais poderia imaginar? As bênçãos de temer a Deus não são para outra pessoa; se você é filho de Deus, então as bênçãos são destinadas a você. Como Cristão em *O Peregrino*, você pode decidir inclinar-se em direção a ele apesar de suas circunstâncias difíceis. Você encontrará Deus pronto para recebê-la de braços abertos, esperando como um Pai amoroso, pronto para levá-la para mais perto dele.

Para Reflexão

1 - Abaixo escreva cada princípio do acróstico T-E-M-A D-E-U-S.

T

E

M

A

D

E

U

S

2 - Reserve um tempo para meditar em cada um dos princípios acima. Quais passos você pode dar a fim de crescer no tipo certo de temor? Tente ser bem específica, com ideias práticas ou planos.

3 - Você precisa criar uma tabela que a ajude a realizar as tarefas que a enchem de preocupação ou medo? Copie o cronograma na página 273 e comece a trabalhar nisso hoje.

4 - Tente explicar a diferença entre os tipos certo e errado de temor.

10 O Oposto do Medo: Amor

"O adversário do temor é o amor; a maneira de nos despojarmos do temor, por conseguinte, consiste em nos revestirmos de amor."[1]

–Jay E. Adams

Pam havia andado com Cristo por quase 30 anos, mas devido ao fato de se encontrar muitas vezes afundada em depressão, ela começou a se perguntar se realmente era crente. Ela havia começado a olhar para cada mínimo detalhe de sua vida e examiná-lo a fim de buscar por sinais de que pudesse não ser cristã. Ela também queria amar a Deus, mas passou a ter medo dele. Toda vez que lia um versículo na Bíblia que falava sobre obediência, ela, de alguma forma, o interpretava no sentido de que não era salva. Por causa de suas dúvidas, ela foi consumida com pensamentos sobre punição e sobre como havia decepcionado Deus tantas vezes para ser perdoada novamente. Isso levou a depressões mais e mais graves que, por sua vez, fizeram-na duvidar mais seriamente de sua salvação. Ainda que Pam soubesse que Cristo havia morrido por todos os seus pecados, ela tinha dificuldade em acreditar que o seu perdão se estenderia às suas constantes fraquezas diárias.

Margot vinha lutando contra um medo particular por mais de um ano. Durante esse período de tempo, ela havia se tornado mais e mais temerosa de dirigir em rodovias, o que fazia com que ela tivesse que dirigir em ruas adjacentes lotadas. Isso tornou suas responsabilidades como mãe de duas filhas cada vez mais difícil. Ela estava tendo problemas em conseguir levar as meninas para seus compromissos. Suas filhas estavam sempre atrasadas para a prática de esportes em equipe e para as atividades do clube. Frequentemente elas não eram autorizadas a participar por causa do atraso. Ela pediu para ser dispensada de suas responsabilidades na escola dominical porque não conseguia chegar a tempo, criando uma inconveniência para o seu professor auxiliar. Conforme o tempo passava, os medos de Margot continuaram a estreitar-se sobre ela, e a sua capacidade de fazer as coisas tornou-se cada vez mais restrita.

Vários anos atrás, meu marido e eu fomos convidados para o casamento de um parente. Já que eu não via essa parte da família há um longo tempo e estava preocupada sobre que ideia eles teriam de mim, eu fiquei cheia de medo durante dias. O que eu vestiria? E se eu estivesse elegante demais? Ou mal vestida? E se eu não soubesse o que dizer? Eu queria parecer esperta e inteligente. Eu queria que eles me aprovassem. À medida que o dia se aproximava, eu fui me tornando irritada e nervosa. Quando o dia finalmente chegou, eu estava cheia de medo e insegurança. Durante a recepção, quando eu estava sendo apresentada para os amigos da família, eu descobri que estava tão cheia de medo que deu um branco na minha mente.

Eu não conseguia pensar em nada para dizer. Quando alguém me apresentou um amigo da família: "Esse é o fulano de tal, ele vive em Las Vegas", tudo o que eu consegui pensar para responder foi: "Las Vegas é quente". Nem preciso dizer que esse foi o fim das minhas apresentações pela festa. Voltei para a minha mesa humilhada e mortificada. Para onde eu poderia correr e me esconder da minha imbecilidade? *"Las Vegas é quente?"* Por que eu diria algo tão fútil como isso? Por que eu era incapaz de manter uma conversa decente? Qual era o problema?

Você pode ver que o medo era um problema significativo para Pam, Margot e para mim. Como é que uma pessoa supera os medos que restringem suas ações, que obstruem suas conversas e, até mesmo, seus relacionamentos? Em um capítulo anterior, nós vimos um dos aspectos para se superar um medo específico, o temor de homem. Nós aprendemos que a única maneira de superar o temor de homem é cultivar o temor de Deus. Agora vamos nos focar na arma do poderoso arsenal de Deus que nos ajuda a eliminar o medo: o amor.

Tudo que Você Precisa é de Amor

Quando você pensa sobre medo, talvez você suponha que o oposto do medo é a confiança ou a paz. Você pode pensar que o que Pam, Margot e eu precisávamos era de uma autoestima melhor. Mas a Bíblia diz algo muito diferente – ela ensina que o que precisamos não é de mais amor próprio, mas sim de mais amor pelos outros. Isso porque o oposto do medo não é a confiança ou a paz; *o oposto* do medo é o amor. A única maneira de Margot, Pam ou eu superarmos os nossos medos é aprendermos a amar mais do que temer. E isso porque o único poder forte o suficiente para eliminar o medo é o amor: amor por Deus e pelos outros. Isso é o que o apóstolo João nos ensinou em 1 João 4.18: "No amor não existe medo; antes, o perfeito amor lança fora o medo. Ora, o medo produz tormento; logo, aquele que teme não é aperfeiçoado no amor".

Vamos olhar mais de perto para o conselho de João sobre a superação do medo e tentar ver como ele faz para matar esse poderoso dragão.

A Fonte do Amor

Para que possamos entender melhor o que João diz sobre medo e amor, precisamos olhar para o contexto da passagem de 1 João 4.18. Nessa parte das Escrituras, ele está falando principalmente sobre o nosso amor por Deus e sobre sermos livres do medo de Deus. Vamos considerar toda a passagem:

> E nós conhecemos e cremos no amor que Deus tem por nós. Deus é amor, e aquele que permanece no amor permanece em Deus, e Deus, nele. Nisto é em nós aperfeiçoado o amor, para que, no Dia do Juízo, mantenhamos confiança; pois, segundo ele é, também nós somos neste mundo. No amor não existe medo; antes, o perfeito amor lança fora o medo. Ora, o medo produz tormento; logo, aquele que teme não é aperfeiçoado no amor. Nós amamos porque ele nos amou primeiro.
>
> 1 João 4: 16-19

O tipo de amor a que João se refere aqui não é apenas o amor que é comum à maioria das pessoas. Esse poderoso amor vem de uma única fonte: Deus. Apesar de todas as boas coisas virem de Deus por meio de sua graça comum (incluindo o amor que incrédulos têm um pelo outro), o tipo de amor de que João está falando aqui é um amor que só pode ser experimentado em um relacionamento pessoal com Deus. É quando somos atraídos a ele e entramos em comunhão com ele que experimentamos o poderoso amor que derrota o medo, e que é somente dele. Podemos ver as diferenças entre uma relação baseada no medo e uma relação baseada no amor ao considerarmos a diferença entre ser julgado por um estranho e ser julgado por um Pai. Dessa forma, seremos mais capazes de compreender como o amor pode lançar fora o medo.

Deus como Juiz

Eu não consigo imaginar uma visão mais assustadora do que ficar diante de um juiz que é um estranho para mim. Saber que as minhas ações estão prestes a ser julgadas por alguém que não me conhece ou que não me ama seria aterrorizante. Eu não me sentiria nada confortável com a perspectiva de receber uma punição ou um veredito de uma pessoa que pode não me conhecer verdadeiramente e não se importar comigo. Minha vida determinada por outra pessoa? Alguém que provavelmente não me ama ou conhece?

Agora, um juiz terreno não sabe as motivações ou os pensamentos mais íntimos de uma pessoa como Deus sabe. Assim, o pensamento de ficar diante do trono do Grande Juiz de toda a terra, com apenas as minhas débeis e maculadas tentativas de bondade para me recomendar, é ainda mais aterrorizante. Não há absolutamente nada que possamos esconder de Deus, e é assustador pensar no que aconteceria se fôssemos receber a punição que realmente merecemos – um castigo que, para os cristãos, já foi pago pela morte de Jesus na cruz.

Deus como Meu Pai

Compare a visão de ficar diante de um juiz com a de ficar diante de um Pai santo com quem você tem um relacionamento. Apesar da santidade do Pai ser perfeita e completamente diferente da sua, é a santidade dele que orienta cada um dos pensamentos e ações que ele tem em relação a você e o faz responder-lhe com misericórdia e compaixão. Agora, imagine que você tenha um irmão mais velho perfeito que sempre agradou a seu Pai. Você sabe que ele nunca fez nada que ofendesse o seu pai, e que sua relação com o Pai nunca foi diminuída de forma alguma. Seu irmão mais velho também se ofereceu para tomar o seu lugar diante do olhar de seu pai, porque ele sabe que tem agradado ao Pai em tudo, e ele também ama você perfeitamente. Você pode se esconder atrás dele e saber que está perfeitamente seguro de qualquer ira ou julgamento.

Há uma grande diferença entre os dois cenários, não é? Qual é a essência dessa diferença? Amor e relacionamento. É nesse tipo de amor, que brota do Pai e do Filho, que todos os crentes podem se esconder. É uma resposta a esse tipo de amor que derrotará todo o medo de ser punido. Ele nos ama muito, e podemos nos regozijar e confiar nisso no dia do julgamento. Quando formos convencidos do seu amor, não mais ficaremos cheios do "medo do que ele poderia fazer conosco", da mesma forma que não tememos o que ele fará com o seu Filho amado. Esse amor nos leva em direção a ele e aos outros. Ele vence o medo que nos faria fugir de qualquer relacionamento aterrorizadas. Deus não é apenas o Juiz de toda a terra; ele também é o seu Pai amoroso.

Deus é o Autor desse Amor

A maravilhosa notícia é que esse tipo de amor não é algo que nós temos que desenvolver por conta própria, mas sim o resultado de ele ter nos amado primeiro (1 João 4.19). Esse amor nos alcança porque Deus escolheu derramar seu amor em nossos corações, como Romanos 5.5 diz: "O amor de Deus é derramado em nosso coração pelo Espírito Santo, que nos foi outorgado". Assim, no contexto de 1 João 4, a preocupação de João era de que não deveríamos ter medo de Deus, mas sim, em resposta ao seu amor, deveríamos amá-lo. É esse amor, que flui dele, que é o único amor forte o suficiente para eliminar o medo da punição.

Mudando de Medo para o Amor

Pam, cujas depressões eu mencionei no início deste capítulo, crescia à medida que meditava diariamente sobre o amor de Deus por ela. Ela começou a ver que ele a amava apesar de seu pecado. Ela viu que ele estava satisfeito com ela, porque ele estava satisfeito com o seu Filho, e ela havia colocado sua confiança em Cristo e na sua perfeição. Sempre que um pensamento perturbador entrava em sua mente, dizendo: "Você não é realmente salva. Uma pessoa que é realmente salva não peca como você", ela se lembrava do que João havia escrito, e falava para si mesma: "Eu não estou confiando em minha própria bondade. Eu estou confiando no amor que Deus tem por mim. Porque ele diz que me ama, eu posso confiar que ele me fará passar com segurança por esse momento de dúvida". Ela começou a confrontar seus pensamentos com toda a Escritura, e não apenas com aqueles versos que a atormentavam. Ela ainda lutava contra o pecado, mas ela percebeu que também tinha um Salvador que já havia resolvido o problema dos seus pecados.

Pam deu passos importantes quando percebeu que a sua preocupação com seus pecados a estavam impedindo de amar a Deus, porque ela estava gastando todo o seu tempo com introspecção duvidosa, quando poderia estar servindo os outros por amor a Deus. Quando se via atolada em um lamaçal de dúvida, ela se lembrava do amor de Deus, confiava que ele seria fiel à sua Palavra e a amaria até o fim, e então, ela procurava oportunidades para servir o próximo. Dessa forma, ela praticava a verdade de que o amor de Deus por ela era o único poder forte o suficiente para superar seus medos e dúvidas.

Pam começou a meditar em versículos como 1 João 4.18 e Romanos 8.15: "Não recebestes o espírito de escravidão, para viverdes, outra vez, atemorizados, mas recebestes o espírito de adoção, baseados no qual clamamos: Aba, Pai". Ela estudou versículos sobre a paternidade de Deus, apossando-se das verdades que eles ensinavam:

- Isaías 9.6 – O Pai eterno humilhou-se e veio a nós como criança para trazer-nos seu poder, paz e conselho;
- Gálatas 4.6-7 – Deus nos adotou em sua família de modo que podemos chamá-lo de "Abba". *Abba* é um termo carinhoso que indica uma relação íntima entre filho e pai. No tempo do Novo Testamento, os escravos não eram autorizados a utilizar esse termo para se dirigir ao chefe da casa, mas filhos queridos eram convidados a fazê-lo;
- 1 João 3.1 – É por causa do grande amor do Pai que somos chamadas filhas de Deus – e isso é exatamente o que nós somos. Não é por causa da nossa bondade, mas somente por causa da bondade dele;
- Lucas 15.18-24 – Na história do filho pródigo, Deus demonstrou seu amor por filhos errantes, acolhendo em sua casa um filho que não tinha direito nenhum a esse amor ou à sua justiça.

Se você, como Pam, tem lutado com a certeza de saber se é ou não realmente filha de Deus, então há alguns passos que você pode tomar para vencer suas lutas. É claro que o primeiro passo é discernir se você é ou não realmente cristã. Você acredita que Jesus Cristo é o Filho de Deus e que ele viveu uma vida perfeita e morreu por seu pecado? Se você creu nisso e confiou nele para salvação, pedindo-lhe que perdoe seus pecados e que a receba em sua família, então você é dele. Se você não tiver certeza disso, então você talvez queira ver o Apêndice A na parte final deste livro.

Se, no entanto, você sabe que confiou em Cristo para a sua salvação, mas está constantemente lutando contra a dúvida, deixe-me encorajá-la a tomar as seguintes medidas:

Ore para que Deus a ajude a ver o quanto ele a ama. Não espere que ele necessariamente faça com que você "sinta" algo especial durante esse tempo de oração. Eu não estou dizendo que sentir ou experimentar o amor de Deus é ruim; apenas não é algo pelo qual fomos orientados a orar. Em vez disso, peça a ele para abrir seus olhos para a sua Palavra e para a obra que ele tem feito em sua vida.

Desafie os seus pensamentos perturbadores com respostas da Palavra de Deus. Pense especificamente sobre o amor de Deus, tal como descrito na tabela abaixo. (Você também pode se fazer as perguntas encontradas no Apêndice B, na página 273). Preencha os espaços em branco na parte inferior da tabela com os seus pensamentos temerosos, e então use uma concordância ou os versículos neste livro para ajudá-la a lembrar-se do amor de Deus.

Pensamentos Temerosos	Pensamentos Fiéis sobre o Amor de Deus por mim
Não tenho certeza da minha salvação.	Deus me convidou para confiar nele e crer. Porque ele me ama, ele prometeu que se eu vier a ele, ele não me lançará fora (Mateus 11.28-30; João 6.37)

Ainda luto tanto contra o pecado que não consigo acreditar que eu sou realmente salva (João 3.16).	Todos os crentes lutam contra o pecado (1 João 1.8). O amor de Deus é forte o suficiente para vencer o meu pecado. O amor de Cristo levou o castigo por todos os meus pecados, e a sua justiça perfeita agora é minha (Romanos 5.8-10,18-19).
Tenho medo de morrer.	Por causa de seu grande amor, Jesus Cristo venceu a morte, sofrendo-a em meu lugar (Hebreus 2.14-15). Ele foi para o Pai antes de mim e prometeu guiar-me em segurança até ele (João 14.1-3). Ele prometeu me dar a vida eterna (João 6.29, 37-40).
Eu Falhei com Deus tantas vezes.	Embora o meu coração possa me condenar, o amor de Deus é mais forte que o meu coração (João 10.29-30; 1 João 3.20). Ele prometeu perdoar o meu pecado quando eu pedisse (1 João 1.9), e creio que ele é muito amoroso e incapaz de mentir para mim (Números 23.19).
Outras pessoas não lutam tanto quanto eu.	Deus não ordenou que eu comparasse a minha caminhada com a dos outros (2 Coríntios 10.12). É por causa de seu grande amor que ainda enfrento lutas, e é por causa de seu grande amor que serei bem-sucedida no fim (Romanos 8.28-29).

- Lembre-se de que Deus prometeu cuidar de você, não importa quão tentada ou provada você seja, e que seu amor é forte demais para deixá-la sozinha (Salmo 23; 1 Coríntios 10.13; Hebreus 13.5).
- Ter dúvidas não significa que você não é crente. Todos os crentes lutam com as dúvidas, e Deus nos convida a vir até ele apesar de nossas dúvidas. Nossa fé é baseada no caráter de Deus e não em nossos sentimentos sobre a nossa fé. Somente Deus pode nos sustentar durante os nossos momentos de dúvida, e ele nos convida a lançar todas as nossas preocupações sobre ele.[2]
- Procure alegrar-se e seja grata em todas as situações, especialmente nas mais difíceis, sabendo que Deus está trabalhando em sua vida por causa do seu grande amor (Romanos 8.28-29; Efésios 5.20; 1 Tessalonicenses 5.16,18).
- Confesse seus pecados de medo, preocupação e incredulidade. Agradeça a Deus pelo seu perdão prometido (1 João 1.9).
- Procure ser obediente por alegre gratidão (Romanos 12.6-21).

Usando medidas como essas, Pam foi capaz de crescer em sua confiança e obediência à medida que meditava no amor maravilhoso de Deus por ela e o abraçava. Ela aprendeu a regozijar-se no fato de que o amor de Deus por ela não era baseado no que ela fazia, mas sim na santidade de Deus e em sua escolha soberana. Ela aprendeu que poderia descansar em sua bondade, e você também pode.

Vencendo o Medo através do Amor Ao Próximo

Visto que a nossa relação com Deus influencia todos os outros relacionamentos e é a relação mais importante de todas, é apropriado expandir para todos os outros relacionamentos a aplicação do princípio de João de que o amor lança fora o medo.

Vamos novamente ver as palavras de João: "No amor não existe medo; antes, o perfeito amor lança fora o medo" (1 João 4.18). Nós já vimos como o amor de Deus por nós pode eliminar o medo que temos do julgamento e fazer surgir amor por ele em nosso coração. O amor também pode nos ajudar a superar o medo em nossos relacionamentos com os outros. Vamos considerar como o amor de Margot por suas filhas poderia vencer o medo que ela tinha de dirigir em rodovias.

O medo de Margot começou após um incidente que teve com um pneu furado. Ela estava viajando em alta velocidade quando o pneu estourou, fazendo-a perder o controle do carro por algum momento. Felizmente, ela foi capaz de reduzir e parar no acostamento, mas então ela teve que sair do carro e tentar trocar o pneu. Ela estava muito preocupada com suas filhas, que estavam no carro, e com o perigo ao qual elas estavam expostas. Vários caminhões enormes passavam ao seu lado enquanto ela mexia no pneu, então ela voltou para o carro e chorou de medo. Finalmente um jovem parou, trocou seu pneu, e ela continuou o seu caminho. Mas o terror que sentiu continuou por horas. À medida que os dias foram passando, ela tornou-se mais e mais temerosa. Ela dirigia mais lentamente, o que fez com que ela fosse importunada por motoristas que queriam viajar no limite máximo de velocidade.

Por fim, Margot achou que a condução nas rodovias era muito aterrorizante. Ela descobriu uma forma de chegar a seus destinos utilizando vias adjacentes, mas até isso começou a incomodá-la. Devido ao fato de dirigir lentamente e de as ruas adjacentes exigirem um tempo maior, ela sempre estava atrasada para todos os seus compromissos. Isso a levou a deixar de participar de mais e mais atividades. As filhas de Margot e seu marido estavam angustiados com essa mudança, mas nada que eles diziam ou faziam podia ajudá-la a superar os seus medos. O que ela precisava fazer?

Margot ficou surpresa ao aprender que a maneira de superar seus medos era através do amor. Ela começou lendo e meditando em versículos sobre servir os outros:

- "Tudo quanto, pois, quereis que os homens vos façam, assim fazei-o vós também a eles" (Mateus 7.12). Margot queria que os outros entendessem seus problemas e a ajudassem. A prioridade de Deus para ela, no entanto, era que ela entendesse as necessidades de suas filhas e as ajudasse.
- "Ninguém tem maior amor do que este: de dar alguém a própria vida em favor dos seus amigos" (João 15.13). Recomeçar a dirigir na rodovia foi um sacrifício para Margot. Ela teve que enfrentar a realidade de que ela poderia, de fato, ter outro pneu furado ou, até mesmo, acabar em um acidente. Para ela, dar a sua vida significava estar disposta a enfrentar esses perigos pelo bem da família que ela amava.
- "Amai-vos cordialmente uns aos outros com amor fraternal... sede pacientes na tribulação" (Romanos 12.10,12).

Uma das formas de Margot demonstrar dedicação à sua família era perseverando na tribulação de viajar em rodovias. Ela percebeu que Deus poderia ajudá-la a perseverar, mesmo quando ela sentia medo de dirigir, e que ele lhe havia dado o amor de que ela precisava para servir sua família.

✦ "A ninguém fiqueis devendo coisa alguma, exceto o amor com que vos ameis uns aos outros... O amor não pratica o mal contra o próximo; de sorte que o cumprimento da lei é o amor" (Romanos 13.8,10). A decisão de Margot de parar de dirigir causou problemas para as suas filhas. Elas não podiam comparecer em suas atividades extracurriculares. Seus temores a estavam levando a fazer o mal ao próximo (nesse caso, as filhas), e o caminho para vencer o seu medo era substituí-lo pelo amor por suas filhas.

Colocando a Verdade de Deus em Prática

A Mudança na Vida de Margot

Como Margot poderia triunfar sobre o medo que a estava controlando? Como ela poderia se libertar das correntes que a prendiam à sua casa? Romanos 12.21 ensina: "Não te deixes vencer do mal, mas vence o mal com o bem". Ela podia vencer o mal (o temor pecaminoso que a mantinha acorrentada à sua casa), fazendo o bem. O bem que ela precisava fazer era acreditar, com fé, que Deus a protegeria e ajudaria. Ela não conseguia superar seus medos apenas pensando sobre eles ou desejando ser liberta. Na verdade, quando ela pensava sobre seus medos, eles simplesmente se tornavam piores. Ela teve que decidir fazer o que era certo, *não importando a forma como ela se sentia*.³ Ela tinha que tomar uma atitude. Ela teve que vencer o mal fazendo o bem que ela conseguiu enxergar: nesse caso, cumprir suas responsabilidades como esposa e mãe. Margot também precisava aprender que a vida dela estava sob o controle de Deus. Ela tinha que perceber que, se algo desse errado, ela podia confiar que Deus usaria aquela situação para o bem em sua vida. Deus não prometeu nos afastar das tribulações; ao contrário, ele prometeu usá-las para o nosso bem e para a sua glória.

Margot passou algum tempo em oração, meditando nas promessas de Deus sobre como podemos nos beneficiar das provações. Ela, então, começou a dirigir curtas distâncias na rodovia. Cada vez que ela saía, ela aumentava a distância. Enquanto fazia isso, ela mantinha os pensamentos voltados para a bondade de Deus, ouvindo músicas de louvor em seu carro. Ela também pediu ao seu marido para comprar um celular para usar em caso de emergência, o que ele fez com prazer. Por fim, Margot resolveu que ela dirigiria mais e mais na rodovia, independentemente de seus sentimentos, e que ela confiaria em Deus para lhe dar a força de que precisava ao longo do caminho. Com o tempo, ela se viu de volta ao assento do motorista. Ela ainda sentia medo de vez em quando, mas ela mantinha em mente que o seu amor por Deus e pela sua família era mais importante do que o seu medo de sofrer um acidente. Dessa forma, ela aprendeu, através de uma experiência diária muito prática, a vencer o mal com o bem.

Você pode ver como o amor de Cristo pode nos controlar? (2 Coríntios 5.14). Margot aprendeu que, porque Cristo estava disposto a morrer por ela e a enfrentar o maior medo de todos – a morte e a separação de Deus –, ela não deveria viver "mais para si [mesma], mas para aquele que [por ela] morreu e ressuscitou" (versículo 15). Ela também ensinou a suas filhas que elas poderiam servir a Deus apesar de seus medos.

A Mudança na Minha Vida

Recentemente, tive outra oportunidade de visitar uma parte da minha família que estava afastada. Antes da visita, comecei a me preocupar com todas as questões de sempre: O que eu vestiria? O que eu diria? Mas, dessa vez, ao invés de temer as pessoas e suas opiniões sobre mim, eu pedi a Deus para me ajudar a amá-los mais do que temê-los. Eu queria ministrar a eles, entendê-los e deixá-los saber que eu era crente; orei para que Deus me ajudasse a amá-los. Porque o amor é mais forte do que o medo, ele envolveu o meu coração e me permitiu estar genuinamente interessada em suas vidas. Eu não me preocupei com o que eu disse ou não disse; eu não me importei se eles me aprovaram ou não. Isso porque eu estava mais preocupada em amá-los do que em ser amada por eles. Como resultado, eu fui capaz de ser amigável e amável, e eu descobri que realmente me importava com eles.

DEUS TORNA TUDO POSSÍVEL

A única maneira pela qual podemos cultivar o tipo de amor de que necessitamos por Deus e pelos outros é experimentando o amor de Deus. Sabemos que ele nos ama porque ele nos escolheu; fomos feitos seus filhos e filhas por meio do sacrifício de Jesus Cristo (Gálatas 3.26). Porque temos a paz e a aceitação dele, somos livres para amar a ele e os outros da maneira que ele quer que amemos.

Além disso, à medida que vivemos, experimentamos diferentes desafios que podem abrir as portas para os medos. Na verdade, Deus algumas vezes nos colocará bem no meio de uma circunstância que é feita sob medida para enfrentarmos nossos medos. Ele faz isso porque nos ama e quer trazer luz e vida para cada parte do nosso coração, especialmente para aqueles lugares que mantivemos escondidos por tantos anos.

Como podemos amar da maneira que Deus quer que nós amemos? É possível porque Deus nos amou primeiro. Podemos amar porque ele nos amou primeiro; e à medida que passamos tempo em oração, meditação e comunhão na fonte do amor que flui incessantemente de seu trono, somos purificadas, fortalecidas e encorajadas a nos lançar sem reservas em sua misericórdia. Um gole do seu puro amor nos capacita a amar os outros com amor sacrificial – um amor que diz, *Eu posso sofrer danos; posso ter que enfrentar circunstâncias terríveis; mas posso amar e servir você por causa do grande amor de Deus por mim.*

Embora o primeiro passo no caminho para a libertação do medo em direção ao serviço amoroso possa parecer intimidador, você pode ser encorajada a dá-lo ao lembrar-se do grande amor de Deus por você. Ele estará com você por todo o caminho, preenchendo-a com o seu amor forte e libertador, e ensinando-lhe que o amor é, no final das contas, mais forte do que o medo.

Para Reflexão

1 - Leia Mateus 10.26-31. Qual é a relação entre o temor de homem, o temor de Deus e confiar no cuidado providencial do Senhor? Como o conhecimento de que Deus se importa até mesmo com as aves encoraja você a amá-lo?

2 - Qual é a diferença entre ter um temor santo de Deus e ter medo dele?

3 - Spurgeon disse: "Querido coração, Deus é o seu melhor amigo, seu amor predileto".[4] Você pensa em Deus dessa maneira? O que a impede de pensar assim?

4 - Se algum pecado a impediu de pensar em Deus como o "seu melhor amigo", você pode confessar esse pecado e ser considerada limpa diante dele. Se suas dúvidas te impedem, fale com ele sobre elas (ele já as conhece, de qualquer maneira) e peça a ele para lhe mostrar a verdade. Se você tem medo de que ele permita que você experimente provações, reconheça que ele permitirá somente aquelas que mudarão você para o seu próprio bem, liberdade e alegria, assim como para a própria glória dele. Escreva abaixo algumas palavras sobre o bem que veio de circunstâncias passadas difíceis, e agradeça a Deus pelo que ele fez.

5 - Quais são as responsabilidades que você está negligenciando por causa do medo? Como o amor superaria esses medos? Quais passos você precisa dar para vencer o mal com o bem? Seja específica aqui sobre as tarefas que você precisa fazer. (Por exemplo, Margot precisava começar a dirigir na rodovia novamente.) Deus a encorajará e a livrará, à medida que você buscar obedecê-lo fielmente por amor, não importando como você se sinta. Suas sensações de medo podem ou não diminuir depois de um curto período de tempo, mas esse não é o ponto. O ponto é obedecer a Deus por amor e amar os outros da maneira que ele amou você. Nisso você encontrará grande paz e liberdade, não importa o que as suas emoções façam.

11
Crescendo Fortemente na Graça

"Contrariamente ao equívoco comum, nós não ganhamos ou perdemos as bênçãos de Deus em nossas vidas diárias com base em nosso desempenho."[1]

– Jerry Bridges
Autor e líder no ministério The Navigators

Na parte sul da Califórnia onde eu moro, temos uma névoa baixa de vez em quando. Esse nevoeiro se desenvolve durante a noite e, em algumas manhãs, ele é tão espesso, que a árvore no meu quintal desaparece. Em outras manhãs, eu consigo ver a extensão próxima do sopé das montanhas coberto por tons de lavanda e prateados, com o topo arroxeado parecendo desaparecer gradualmente na névoa. O nevoeiro suaviza linhas severas, atenua cores brilhantes e parece aquietar o barulho da nossa existência em ritmo acelerado. É como se o cobertor de uma criança tivesse envolvido nossas vidas apressadas. Em alguns dias, eu gosto do nevoeiro.

Às vezes, o nevoeiro é bonito, mas em outros momentos ele pode ser traiçoeiro, fechando aeroportos e criando engarrafamentos. Pode ser perigoso para aqueles em nossas rodovias locais, porque à medida que você passa por subidas e descidas,, o que parece ser uma pista livre torna-se, de repente, obscurecida pela névoa, fazendo com que todo o tráfego atrás do carro e à frente desapareça. No período da manhã, quando eu tenho que sair e preciso ver alguma coisa além do meu para-brisa, eu me pego desejando que o nevoeiro desapareça.

Uma Visão Clara de Deus

A nossa compreensão de Deus é, em alguns aspectos, como a vista da minha janela da frente em uma manhã de nevoeiro. Para a maioria de nós, a compreensão que temos da natureza de Deus está envolta em uma neblina de equívocos, mal-entendidos, desconhecimento e incredulidade. Para mim, houve momentos em que parecia que o nevoeiro havia se dissipado um pouco, e justo quando eu estava me acostumando com a visão, ele se acomodou novamente, e eu não tinha certeza do que havia visto. Outras vezes, eu conseguia ter um nítido vislumbre de Deus e, nesses momentos, percebo que minhas suposições anteriores sobre quem ele é precisam ser alteradas.

Não me interpretem mal. Não estou dizendo que Deus se esconde atrás de nuvens ou faz jogos conosco. Como a árvore no meu quintal ou os sopés das montanhas próximos, o problema não é que a realidade ou a verdade não está ali para eu ver; o problema está na minha incapacidade de ver por causa do nevoeiro. Da mesma forma, a minha capacidade de compreender Deus é frustrada pela fragilidade, preconceitos deficientes, mal-entendidos e a incredulidade presente no meu coração. É como se houvesse uma névoa constante em meus óculos. Sim, a minha compreensão do caráter de Deus é, na melhor das hipóteses, turva. Como o apóstolo Paulo diz: "agora, vemos como em espelho, obscuramente [...] Agora, [conhecemos] em parte" (1 Coríntios 13.12).

Quão diferente você acha que a vida seria se você e eu tivéssemos uma visão clara e precisa de Deus? Isso seria melhor do que vagar no nevoeiro de quaisquer percepções incorretas que tenhamos de Deus, não é? De que forma conhecê-lo *como ele é*, e não *como supomos que ele seja*, impactaria as nossas lutas contra o medo, a ansiedade e a preocupação? Uma arma poderosa que nos capacita a vencer o medo é conhecer Deus *como ele é*.

Já vimos o caráter de Deus em várias partes deste livro. Nós conversamos sobre sua santidade, sua compaixão, sua soberania e sua disposição paternal para conosco. Eu, propositadamente, gastei tempo focando a nossa atenção nele porque, em alguma medida, o medo invariavelmente vem de uma imagem embaçada de quem Deus é e de como ele é. E, na minha experiência, um dos aspectos mais difíceis de se compreender sobre a natureza de Deus é a sua *graça*.

Assim, neste capítulo, abordaremos a graça de Deus e veremos se podemos dissipar um pouco o nevoeiro ou, pelo menos, oferecer uma toalha de papel para limpar essas lentes. Embora nunca sejamos capazes de compreendê-lo perfeitamente *como ele é* (porque ele é tão "outro"), podemos, pelo menos, crescer em nossa compreensão, tanto quanto for possível, por meio da iluminação do Espírito Santo e das Escrituras.

Compreendendo a Graça de Deus

Pensemos por um momento sobre a definição da palavra *graça*. Tenho certeza de que você já ouviu ela ser definida como "o favor imerecido de Deus". Sim, a graça é o favor imerecido de Deus, mas essa definição deixa de fora um fato importante: É seu favor imerecido *àqueles que merecem apenas a sua ira.* Graça é a bondade e a bênção de Deus sobre aqueles que, por sua natureza e ações, merecem nada além da ira.

Efésios capítulo 2 nos diz: "Pela graça sois salvos, mediante a fé; e isto não vem de vós; é dom de Deus; não de obras, para que ninguém se glorie" (Efésios 2.8-9).

É somente por causa da bondade e amabilidade de Deus que você e eu somos salvas dos nossos pecados. Não por nenhuma obra que possamos fazer ou mesmo boas ações que possamos acrescentar às dele; é somente a obra de Deus que salva. Eu sou grata por essa verdade, e eu tenho certeza de que você também é.

Uma vez que todos os cristãos creem na graça de Deus, por que é importante eu falar sobre isso aqui? Parece ser apenas um dado: Sim, nós somos salvos pela graça. A razão pela qual temos que retomar essa questão é devido à compreensão limitada que temos sobre o assunto. Nós tendemos a ver a graça unicamente no que se refere à nossa salvação, e estamos inclinados a não compreendê-la quando se trata da nossa vida depois da salvação. Em outras palavras, cremos que Deus nos salva pela *graça*, mas o nosso crescimento e a nossa perseverança após a salvação é por *obra* nossa. No entanto, como Jerry Bridges escreve: "Nós não somos apenas salvos pela graça, mas também vivemos pela graça todos os dias. Essa graça vem através de Cristo, 'por meio de quem obtivemos acesso, pela fé, a essa graça na qual agora estamos'".²

Vamos pegar a definição de graça acima e ampliá-la para ilustração: graça é o favor imerecido de Deus àqueles que foram salvos e, *ainda, em sua própria força, merecem apenas a ira* de Deus, mas recebem o seu favor em vez disso. Isso muda um pouco as coisas, não é mesmo? Sabemos que antes de sermos salvas, nós merecíamos o juízo. Mas e depois de sermos salvas? Ainda precisamos da sua graça para ficarmos diante dele? Por favor, pare e pense comigo. Eu não estou denegrindo a verdade de que agora estamos em Cristo, e, por causa disso, Deus está agora perfeitamente satisfeito conosco. A Bíblia ensina claramente que, porque estamos em Cristo, nunca sofreremos a ira de Deus. Está resolvido. No entanto, você e eu precisamos da graça de Deus *tanto quanto* precisávamos antes de sermos salvas. Nunca devemos confiar em nosso esforço, quer consideremos que ele seja bom ou ruim, porque aquilo que fazemos é sempre manchado pelo pecado.

Descansar na graça de Deus ajudará você a se livrar de todos os medos que possa ter sobre como Deus vê o seu esforço. Glória, uma jovem estudante universitária, pensava que se ela deixasse de passar, pelo menos, 15 minutos em oração todas as manhãs antes de sair de casa, aconteceria um acidente com ela. Ela pensava que a bênção ou a graça de Deus em sua vida dependia do tempo que ela gastava em oração. Ela pensava que Deus não poderia ou não iria protegê-la, a menos que ela primeiro gastasse um tempo em oração. Como resultado, ela perdeu a alegria e a bênção de orar, e via isso como uma espécie de pagamento pela proteção de Deus. De forma muito real, ela sentia que tinha que ganhar o cuidado paternal de Deus e, assim, ela perdeu a alegria da graça.

Louise acreditava que se ela falasse de uma maneira negativa, como por exemplo, dizendo que ela sentia que poderia estar ficando doente, Deus não seria capaz de protegê-la da doença. Ela acreditava que suas palavras eram mais poderosas do que o desejo de Deus de abençoá-la, mais poderosas do que a sua graça. Ela perdeu a alegria da graça, e os seus dias foram vividos em meio ao medo e à introspecção autocentrados: será que ela havia dito ou pensado qualquer coisa que pudesse trazer aflição a ela? Como Glória, ela acreditava que, embora a sua salvação fosse pela graça, sua caminhada com Deus estava agora baseada em seus próprios esforços.

Andréa acordava todas as manhãs sob um céu de culpa. Ela ficava deitada em sua cama e pensava sobre as ações do dia anterior até que se lembrasse de alguma forma em que ela havia falhado com o Senhor. Embora ela fizesse a coisa certa, confessando esses pecados, ela passava o resto do dia tentando se sentir bem consigo mesma e com os seus esforços para agradar a Deus. Ela ansiava por um dia em que poderia ter certeza de que Deus aprovaria as suas ações. Embora todos os cristãos devessem ansiar por santidade, ela ansiava por algo diferente: a capacidade de estar diante de Deus sabendo que era inocente *por seu próprio mérito*. Ela tinha uma percepção errônea de que Deus se assentava no céu com um cartão de pontuação na mão, marcando pontos positivos e negativos nele no final de cada dia. Ela temia o pensamento de que um dia todos os pontos negativos superariam os positivos, e o juízo de Deus viria sobre ela. A alegria de saborear a graça de Deus estava se perdendo em sua vida, e ela viu sua fé ficar cheia de medo, esforço e autodesprezo.

Andréa precisava ver que a graça de Deus repousava sobre ela, não por causa de seu próprio esforço ou por sua capacidade de fazer o certo, mas porque ela estava em seu Filho. A verdade é que não importa quantos pontos positivos ela acumularia em seu registro no céu, nunca seria suficiente para superar nem mesmo um pecado. Além disso, ela não percebia a verdade de que o maior ponto positivo já marcado era o de Cristo por ela. Foi esse o ponto que compensou, de uma vez por todas, todos os seus pecados.

Quando nos Esquecemos da Graça de Deus
Você consegue ver como uma má compreensão da graça de Deus trouxe medo para Glória, Louise e Andréa? Essas mulheres não conseguiram enxergar a verdade de que Deus já determinou a forma como irá lidar com os seus filhos, e essa é uma disposição repleta de graça. Isso não significa, é claro, que Deus não disciplina os cristãos, uma verdade que veremos mais adiante neste capítulo. Na verdade, a própria disciplina é um sinal do cuidado amoroso de Deus (Hebreus 12.5-11). Viver sob sua graça também não significa que nós não sofremos os efeitos da vida em um mundo amaldiçoado pelo pecado. Nós pecamos, outros pecam contra nós, e nossos corpos físicos eventualmente se desgastam e morrem. Mas, no que diz respeito ao favor de Deus sobre as nossas vidas, essa decisão já foi feita: Deus nos abençoará. Isso significa que sempre que nos sobrevierem dificuldades ou provações, podemos cantar: "...Cristo considerou meu estado impotente e derramou o seu próprio sangue pela minha alma".[3]

Cada uma dessas três mulheres sabia que havia sido salva pela graça de Deus, mas elas, equivocadamente, pensavam que a graça de Deus era algo que tinha que ser conquistado de forma contínua. Havia duas verdades fundamentais que elas haviam negligenciado: em primeiro lugar, elas não conseguiram perceber que, mesmo em seus dias bons, elas ainda não eram perfeitas o suficiente para ganhar o favor de Deus. E segundo, elas não viram a verdade de que, em seus dias ruins, a disposição de Deus para com elas não havia mudado nem um pouco. A graça de Deus é um aspecto constante de seu caráter: nunca muda. Uma vez que ele decide amar você, ele sempre amará você, não importa o que aconteça (veja Salmo 102.27-28; Malaquias 3.6; Hebreus 13.8; Tiago 1.17).

Se você pensa que o amor de Deus por você depende de suas ações, se pensa que ele está sentado no céu esperando que você cometa um erro para poder puxar o seu tapete; se você acredita que ele precisa de algo de você a fim de abençoá-la, então o seu coração se encherá de medo. Compare essas visões embaçadas da graça de Deus com estas palavras do Salmo 103:

> Quanto dista o Oriente do Ocidente, assim afasta de nós as nossas transgressões. Como um pai se compadece de seus filhos, assim o senhor se compadece dos que o temem. Pois ele conhece a nossa estrutura e sabe que somos pó.
> – Salmo 103.12-14

O que esses versículos lhe dizem sobre a atitude de Deus em relação a você? Ele removeu todos os seus pecados, mesmo aqueles que você cometeu hoje. Ele tem compaixão de você como um pai se compadece de seu filho. O que mais esses versículos nos dizem? Que ele conhece a nossa estrutura e a nossa natureza; ele sabe que somos fracas e frágeis.

Recentemente eu estava ninando o meu netinho Wesley. Estávamos cantando "Eu sei que Jesus me ama" e, quando chegamos à parte que diz: "Nós somos fracos, mas ele é forte", eu reformulei a frase e disse: "Wesley é fraco, mas Jesus é forte". Enquanto eu olhava para o pequeno Wesley e pensava sobre essas palavras, era fácil ver como ele era fraco e precisava da força de Cristo. Então percebi que eu era fraca também. Mesmo que eu me sentisse forte, sentada ali segurando aquela pequena criança, eu sabia que a minha força era como um vapor em comparação à força de que eu precisava. Só a graça de Deus é forte o suficiente para me capacitar a resistir contra todas as tentações e provações desse mundo e contra a minha fraca natureza. Sua graça me enche com poder – não um poder que eu pudesse algum dia ganhar, mas um que é meu por causa do seu amor.

A Grandeza da Graça de Deus

Você consegue ver como crenças erradas sobre a graça de Deus podem criar medo? O temor de que "algo ruim vai acontecer" flui de uma perspectiva falha do amor de Deus. O temor de que um julgamento está prestes a esmagar você tem a sua origem em uma visão pequena da graça de Deus. Aqui estão algumas verdades e versículos para você eternizar em seu coração sobre o caráter imutável do amor misericordioso de Deus (lembre-se do nosso acróstico TEMA DEUS no capítulo 9, em que a letra E se refere a *Eternize-as em Seu Coração*):

- Deus declara-se "compassivo, clemente... grande em misericórdia e fidelidade" (Êxodo 34.6).
- Sua misericórdia e favor são eternos porque sua natureza é boa e santa – e ele nunca muda (1 Crônicas 16.34).
- No Salmo do Pastor, Davi escreveu sobre a sua perspectiva da atitude de Deus para com ele. Ele disse: "Bondade e misericórdia certamente me seguirão todos os dias da minha vida" (Salmo 23.6). Você pode ver como Davi foi liberto do medo ao reconhecer a natureza permanente da bondade de Deus para com ele? Você acredita que a bondade e a misericórdia estão destinadas a segui-la... não importa o que aconteça?
- Ao invés de ver a terra como sendo cheia de perigos e riscos, o salmista escreveu que a terra está "cheia da bondade do SENHOR" (Salmo 33.5).
- De fato, a terra não poderia conter toda a graça, favor e amor que Deus tem; o seu amor "chega até aos céus"! (Salmo 36.5; ver também 103.11 - NVI).
- O favor de Deus não é uma força impessoal. Davi precisou da graça do Senhor de uma maneira pessoal quando fugia para salvar a sua vida de Saul. Foi esse favor que provou que Deus não estava apenas sentado de braços cruzados enquanto o seu filho estava em necessidade. Não, Davi descobriu que Deus era seu refúgio e força; de fato, ele havia visto a sua misericórdia. Por causa disso, cantou louvores (Salmo 59.17).
- A graça de Deus não é apenas para pessoas "espirituais", como Davi ou Paulo. Ela flui abundantemente para "todos os que invocam [a Deus]" (Salmo 86.5 -NVI). Por que não

invocá-lo agora? Peça a ele para ajudá-la a ver como a sua graça está fluindo até você hoje.

+ Finalmente, olhemos para o Salmo 103. Esse salmo nos encoraja a lembrar de todos os benefícios de Deus. Do que eles consistem? Deus perdoa todas as suas iniquidades, sara todas as suas enfermidades, redime a sua vida da cova, coroa você de graça e misericórdia! Andréa não sabia o que era ser coroada com a graça e a misericórdia de Deus. Em vez disso, ela sentia uma nuvem contínua de autodesprezo, incredulidade e medo. Imagine a alegria que poderíamos ter se realmente crêssemos que sua graça e misericórdia repousam sobre nós!

A misericórdia de Deus inclui a sua graça, força e amor inabalável. A aliança de Deus com os seus filhos é aquela em que ele promete proteger, perdoar e ser misericordioso. Da mesma forma que um pai amoroso abriga, protege e cuida de um filho pequeno, nosso Pai prometeu ser gracioso conosco. Se você é filha dele, ele lhe concedeu o seu favor, e *nada* mudará isso. Na verdade, quando o apóstolo João descreve o Messias, ele escreve que ele é "cheio de graça e de verdade", e que nele recebemos uma plenitude descrita como "graça sobre graça" (João 1.14) – oceanos de graça, uma onda vindo após a outra.

No filme *Mar em Fúria*, houve uma última onda gigantesca que triunfou sobre o grupo de pesca de *Andrea Gail*. Mesmo que eles lutassem para conseguir chegar à superfície, era óbvio que eles não conseguiriam. A onda era simplesmente muito forte. Ela dominou a pequena embarcação e a inundou com água. É assim que a graça de Deus é. É dominante, é inevitável, é maior do que você jamais poderia imaginar. Os céus e a terra não podem contê-la, e nada que você possa fazer pode detê-la. Mas, ao invés de nos afogar, sua graça nos sustenta totalmente – muito mais do que podemos perceber. Isso não é maravilhoso?

Como a Graça de Deus nos Transforma

Graça para Ser Santa

O significa essa impressionante boa vontade para conosco? Será que significa que podemos viver do jeito que quisermos, ostentar a nossa liberdade e desconsiderar o amor dele? Como Paulo diz: "De modo nenhum!" (Romanos 6.2). Parte da graça de Deus é que aprendamos a viver uma vida santa. De fato, a graça nos ensina a fazer exatamente isso. Tito 2.11-12 diz:

> A graça de Deus se manifestou salvadora a todos os homens, educando-nos para que, renegadas a impiedade e as paixões mundanas, vivamos, no presente século, sensata, justa e piedosamente.

Deus nos ama demais para nos permitir continuar no pecado que destrói a alegria e que parece tão convidativo. Como um perfeito Pai, ele sabe onde a nossa verdadeira felicidade se encontra: nossas velhas vidas estão mortas, e nós fomos feitas novas em Cristo. Nossos novos corações não mais encontrarão satisfação nas quinquilharias baratas deste mundo. Nós nos tornamos cidadãs do céu, e apenas as alegrias do céu nos satisfarão. Assim, Deus, pela sua graça, nos ensina a negarmos esses desejos que uma vez amamos.

A graça inclina os nossos corações para viverem vidas sóbrias e moderadas. Isso não significa que não desfrutamos dos presentes que Deus nos dá no mundo. Significa apenas que não estamos "apaixonadas" por eles – nós os utilizamos com moderação, reconhecendo-os pelo que são: alegrias passageiras. Sua graça inclina os nossos corações para a justiça. Enquanto apreciávamos a ideia de mimar nossos pecados de estimação, estamos agora aprendendo, por sua graça, a odiá-los e a amar a justiça. É o amor pelas formas justas de pensar e agir que produz um modo de viver piedoso, e o amor pela verdadeira bondade é produzido apenas pela graça de Deus. Perceba, então, que a verdadeira consequência da graça de Deus na vida de alguém não é um viver descuidado; ao contrário, é uma vida inclinada para a santidade. E uma compreensão correta da sua graça nos leva a perceber que nunca seremos perfeitamente santas enquanto estivermos aqui na terra. Nunca confiaremos na santidade para ganhar qualquer coisa de Deus, ou na santidade pessoal para ganhar as bênçãos de Deus. Em vez disso, podemos simplesmente nos alegrar no trabalho fiel de Deus em nossas vidas – um trabalho que ele escolhe fazer porque nos ama. E a graça nos ensina a amar o que ele ama, a temer o que ele nos ordena temer, e a descansar nele.

Graça para Ser Confiante

O que a realidade da graça de Deus significa para nós? Significa que nunca enfrentaremos tragédia, problema ou dificuldade? Não, Deus nunca nos promete isso. O que ele de fato nos promete –

o que é parte de sua atitude graciosa para conosco – é que nós nunca sofreremos mais dificuldade do que é necessário para que o seu amor seja conhecido e apreciado por nós. Este é o propósito das provações: libertar-nos dos nossos vínculos com o mundo.

Por causa do governo soberano de Deus em nossas vidas, podemos viver com confiança mesmo quando estamos enfrentando uma tragédia. A graça nos ensina que a tragédia e a dificuldade não devem mais ser temidas. O Deus que é forte o suficiente para nos amar, não importa o que aconteça, também é forte o suficiente para controlar as nossas circunstâncias. Quando ele permite, para o nosso bem e para a sua glória, algo que pareça ser uma grave dificuldade ou problema, podemos descansar com confiança na verdade de que ele pode não estar nos disciplinando e que, mesmo se ele estiver, seu amor por nós não diminuiu.

Examine o foco de seus medos. Você tem medo de enfermidades, angústias ou dificuldades? Você tem medo de não ser capaz de lidar com uma dificuldade desconhecida que possa estar vindo em sua direção? Você acredita que precisa fazer algo para "cair nas graças" de Deus? O Senhor está chamando você para descansar e confiar com segurança hoje. Você pode descansar, sabendo que não importa como Deus determinou tecer a trama da sua vida, mesmo que esse tecido seja composto por alguns "fios escuros", no final, ele será de grande beleza e lhe trará grande alegria. Mesmo que Paulo tenha enfrentado uma fraqueza que o atormentava (tanto que ele orou três vezes para ser liberto), ele conhecia a verdade da graça de Deus. "A minha graça te basta", o Senhor lhe disse, "porque o poder se aperfeiçoa na fraqueza" (2 Coríntios 12.9). Paulo conhecia o poder da graça de Deus, que o capacitou a viver com confiança e alegria em meio à provação e à fraqueza pessoal. E como filha de Deus, você pode conhecer o poder da sua graça também.

Graça para Ser Grata

Qual é o propósito da benevolência de Deus para conosco? Que ele seja louvado e glorificado! Claro, sua graça resulta em nossa santidade, alegria e libertação do medo, mas essa alegria não deve ser silenciosa. O encorajamento de Paulo aos cristãos de Corinto foi que: "a graça, multiplicando-se, torne abundantes as ações de graças por meio de muitos, para glória de Deus" (2 Coríntios 4.15). Você percebe como uma imagem clara da graça de Deus mudaria as vidas de Glória, Louise e Andréa? Isso foi exatamente o que aconteceu. Quando elas conseguiram entender a graça de Deus, elas já não estavam mais cheias de medo, preocupações e ansiedades. Suas vidas ficaram marcadas por corações transbordantes de adoração.

No caminho para o trabalho, depois de passar algum tempo em oração humilde e adoração repleta de alegria pela bondade prometida de Deus, Glória cantava e celebrava a graça de Deus. Não sendo mais consumida pelo seu próprio esforço, ela era capaz de considerar o esforço de Cristo e descansar nele. Ela descobriu que já não estava mais presa a medos de acidentes – na verdade, em algumas manhãs, ela quase se esquecia de que estava dirigindo para o trabalho porque estava tendo um momento muito abençoado ao cantar e adorar ao Senhor.

Louise reconheceu o governo soberano de Deus sobre o universo e percebeu que suas palavras e pensamentos não eram como os de Deus: as palavras dela não criavam a realidade. Por causa da graça de Deus, Louise descobriu que poderia descansar na vontade soberana dele, e que sua vontade *sempre* era boa. Embora isso significasse momentos de grande provação, ela se alegrou com o conhecimento de que essas provações vieram a ela por um Deus cuja disposição imutável para com ela era graciosa. Suas circunstâncias não estavam além do que ela podia suportar. Uma vez que ela não estava aprisionada pela introspecção contínua, ela era capaz de louvar a Deus pelo seu poder. Louise descobriu que a graça de Deus seria suficiente para ela, não importando o que ela enfrentaria.

Andréa desenvolveu um novo hábito ao acordar a cada manhã. Em vez de olhar primeiramente para os seus próprios defeitos, ela propositadamente focava nas perfeições de Cristo. Na mesa de cabeceira ao lado de sua cama, ela tinha cartões com versículos bíblicos que ela lia *antes* de olhar para as suas próprias falhas. Ela descobriu que, porque não estava mais confiando em sua justiça própria, o Espírito estava lhe revelando pecados que eram mais profundos do que ela havia imaginado. Por exemplo, ela descobriu que sua fofoca era mais do que apenas palavras erradas; ela evidenciava um coração que era orgulhoso e medroso. Ela não ficou aterrorizada com essas percepções como costumava ficar; agora ela os confessava humildemente. *Sim, é verdade que o meu pecado é profundo*, ela orava, *mas a sua graça é mais profunda do que o meu pecado*. Uma vez que ela confessava esses pecados, ela passava a agradecer a Deus pelo seu perdão e pela justiça perfeita de Cristo. Já que ela não sentia mais a necessidade de passar o dia provando a sua própria justiça, ela conseguia confessar suas falhas a outros, e o seu coração começou a transbordar de adoração pelo grande amor de Deus.

A Graça que Persevera

Uma das alegrias de ser avó é começar a rever meus amados livros infantis. Um dos meus favoritos é *The Runaway Bunny [O Coelho Fujão]*, por Margaret Wise Brown.[4] Nessa história preciosa, um coelhinho diz à sua mãe que ele queria fugir. A mãe respondeu: "Se você fugir, eu vou atrás, porque você é o meu coelhinho". Então o coelhinho disse que se tornaria um peixe e nadaria para longe. A mãe respondeu: "Se você se transformar em um peixe, eu vou me tornar uma pescadora para pescá-lo". A história continua dessa forma – o que quer que o coelhinho dissesse que faria, a mãe dizia que faria algo que provasse o seu amor inabalável por seu filho.

No final da história, o coelhinho percebe que ele não pode escapar do grande amor de sua mãe, então ele decide que pode ficar muito bem em casa, comer uma cenoura e ser o seu coelhinho. A história é uma grande ilustração da força e do propósito da graça de Deus. Na verdade, ela me lembra do Salmo 139, em que Deus afirma o seu grande amor por nós. Enquanto você medita sobre essas palavras, ore para que Deus ilumine o seu coração para entender a sua inevitável graça:

> Para onde me ausentarei do teu Espírito? Para onde fugirei da tua face? Se subo aos céus, lá estás; se faço a minha cama no mais profundo abismo, lá estás também; se tomo as asas da alvorada e me detenho nos confins dos mares, ainda lá me haverá de guiar a tua mão, e a tua destra me susterá. Se eu digo: as trevas, com efeito, me encobrirão, e a luz ao redor de mim se fará noite, até as próprias trevas não te serão escuras: as trevas e a luz são a mesma coisa.
>
> – Salmo 139.7-12

Descansando na Graça de Deus

Enquanto estou sentada aqui, escrevendo em minha mesa, estou apreciando a linda árvore do meu quintal. O céu está azul, e eu posso ver claramente as montanhas à distância. Não há nevoeiro hoje. E à medida que meditei sobre a graça de Deus novamente, eu o vejo um pouco mais claramente também. Estou me lembrando de sua grande bondade e de seu forte amor – um amor que se recusa a me abandonar ou deixar de me abençoar. É um amor no qual posso confiar, um amor que acalma todos os meus medos.

Você também pode experimentar a graça que domina a alma, que lhe ensina o desejo por santidade e que inunda o coração, para que ele transborde continuamente em adoração. Você não precisa se preocupar ou ficar com medo; na verdade, tudo o que você tem que fazer é descansar. Então, coelhinha, por que você não se aconchega no amor de seu Pai e o desfruta? E, a partir de agora, sempre que você vir um nevoeiro, lembre-se de agradecer a Deus por permitir que você enxergue o caráter dele de forma mais clara, de forma que você possa descansar em suas promessas e deixar de ficar ansiosa com as coisas da vida. E, enquanto você está pensando sobre isso, por que não comer uma cenoura gostosa?

Para Reflexão

1 - O hino "Graça Eterna" tem sido uma bênção para os cristãos há muitos anos. Tire um tempo agora para cantar as palavras das quais você conseguir se lembrar, e reflita sobre como essa graça pode acalmar os seus medos.

2 - Eu listei aqui, para o seu benefício, uma série de versículos sobre a graça. Abaixo, escreva cada versículo bem como a aplicação dele para a sua vida.

♦ Isaías 38.17

♦ Romanos 11.6

♦ Romanos 12.6

♦ 1 Coríntios 15.10

♦ 2 Coríntios 6.1

♦ 2 Tessalonicenses 2.16 17

♦ 2 Timóteo 2.1

3 - O autor de Hebreus incentivou seus leitores a achegarem-se "confiadamente, junto ao trono da graça, a fim de recebermos misericórdia e acharmos graça para socorro em ocasião oportuna" (Hebreus 4.16). De que forma ver o trono de Deus como um "trono da graça" muda a sua atitude em relação à oração? Por que esse autor encorajaria seus leitores a irem a Deus para encontrar misericórdia e graça em tempo de necessidade? Você precisa de quê?

4 - Jerry Bridges escreveu: "Os seus piores dias nunca são tão ruins a ponto de você estar além do *alcance* da graça de Deus. E seus melhores dias nunca são tão bons a ponto de você estar além da *necessidade* da graça de Deus. Cada dia da nossa experiência cristã deve ser um dia para nos relacionarmos com Deus com base em sua graça."[5] Você se relaciona com Deus tendo como base a graça dele *somente* ou você age como se o seu relacionamento diário com ele fosse baseado nas suas próprias obras? Como a sua vida deveria mudar para refletir o descanso na graça dele?

5 - Na primeira coluna da tabela abaixo, a que está com o sinal de menos, liste os pecados que você sabe que tem cometido recentemente. Na coluna do meio, a que tem o sinal de mais, anote o que tem sido feito por você, superando todos os seus pecados. Com isso em mente, use a terceira coluna para escrever versículos bíblicos ou escreva um agradecimento pela graça de Deus.

Seus Pecados (-)	As Perfeições de Jesus (+)	Adoração por Sua Graça
1.		
2.		Pai, agradeço a
3.		Ti porque não
4.		há pecado
5.		algum que eu
6.		poderia cometer,
7.		que pudesse ser
8.		maior do que
9.		o teu amor...
10.		

12 A Força de Deus Revelada em Nossa Fraqueza

"É quando estamos conscientes de que somos fracos, e quando sentimos nossa necessidade de ajuda, que o Redentor manifesta o seu poder para manter e transmitir suas mais puras consolações."[1]

– Albert Barnes
Pastor e autor do século dezenove

Enquanto passamos esse tempo juntas, analisando os nossos medos e a forma como podemos vencê-los, espero que você tenha sido abençoada, fortalecida e encorajada. E, antes de começarmos este capítulo final, vamos ter um momento para revermos as maravilhosas verdades que aprendemos em nossa jornada.

Começamos observando o modo como Deus bondosamente dotou a humanidade com a capacidade de sentir medo para que pudesse se proteger do perigo. Também vimos como esse presente foi mal utilizado pelos nossos primeiros pais no Jardim do Éden. Eles temeram que Deus talvez estivesse retendo alguma coisa deles, e eles não temeram o que ele havia ordenado: não tocar na árvore do conhecimento do bem e do mal. Como resultado, eles perderam a inocência, o relacionamento com Deus, e a vida em si.

Vimos como as pessoas ao longo do tempo, até mesmo os

"heróis da fé" na Bíblia, lutaram contra o temor pecaminoso. E aprendemos que, porque o medo é um inimigo tão terrível, precisamos olhar para fora de nós mesmas, para o poder do Espírito Santo, para termos vitória e libertação. Precisamos do poder do Espírito para vencermos as três principais causas do medo: o desejo de controlar, o desejo de agradar pessoas e o desejo de ser perfeita. Consideramos também como a descrença na bondade, no poder e na sabedoria de nosso Pai celestial desempenha um papel significativo no desenvolvimento dos nossos medos.

Em seguida, vimos que, sem uma firme crença no total controle de Deus sobre todas as coisas, toda a esperança de derrotar o medo se vai. Olhamos para o tipo de temor que Deus ordenou – o temor dele somente – e vimos como esse temor, juntamente com o amor, pode superar todo o medo persistente que clama por poder em nossos corações. E então, no capítulo 11, vimos como a correta compreensão da graça de Deus pode ajudar a aliviar os nossos medos. Nossos medos geralmente têm suas raízes em uma concepção errada sobre o caráter de Deus e sua disposição para com os seus filhos.

Em nosso último capítulo juntas, quero direcionar o nosso foco para o conceito de fé. Vamos examinar a fé bíblica e, em seguida, pensar sobre algumas pessoas cujas vidas foram registradas na Bíblia. Lembre-se, essas não eram pessoas que não tinham medo ou eram super-heróis. Elas lutaram assim como nós, e, pela graça de Deus, a fé delas venceu o medo que sentiam. O temor de Deus, o amor por ele e pelos outros, e a fé em Cristo são três armas poderosas que destroem o medo. E o nosso objetivo neste capítulo é ver como podemos subir na escada da fé, passando de uma fé fraca para uma forte fé, tudo pelo poder de Deus.

Você está "Guardando a Fé"?

Qual é o estado da sua fé? Se você é cristã, eu sei que você tem fé em Deus, mais especificamente a fé que leva à salvação. Mas essa não é a pergunta que estou fazendo. Estou querendo saber de que você depende mais na sua vida cotidiana. Você se foca e depende principalmente de seus sentimentos? Seus medos? Seus pensamentos sobre o que *pode acontecer*? Onde você busca confiança ao encarar os desafios e as provações da vida? Em quem você confia quando a luz vermelha no painel do carro está piscando ou a porta de saída da loja parece muito distante?

Embora a fé seja uma questão fundamental para os cristãos, muitas pessoas estão confusas sobre ela, ainda que *fé* seja uma palavra que geralmente usamos. Você provavelmente já ouviu pessoas dizerem: "Eu tenho fé em mim" ou "Se você acreditar em si mesmo, você pode fazer qualquer coisa". As pessoas geralmente usam as palavras *crença* e *fé* indistintamente. Mas é isso que a Bíblia fala quando nos encoraja a ter fé?

O que é fé? A palavra, que é comumente traduzida como "fé" na Bíblia, significa mais do que uma mera crença. Significa, de fato, crença, mas também implica em dependência e confiança. A fé, por incluir dependência e confiança, também envolve ação. Essa ação pode assumir muitas formas, como veremos mais tarde ao lermos Hebreus 11, mas crença que não gera uma mudança de vida não é a verdadeira fé bíblica. Eu não estou dizendo que a fé não pode ser fraca em alguns momentos ou que ela não passa por lutas. Mas estou dizendo que ele é *viva... ela se move... e pode ser percebida*. Isso porque a fé que é verdadeira confia em Deus e depende dele.

Confie em Mim – Eu Seguro Você!

Vivendo no sul da Califórnia, era importante que os nossos filhos aprendessem a nadar em uma idade precoce. Aos quatro anos de idade, o nosso filho mais velho, James, tinha medo de água, e nós tivemos que trabalhar durante dias para fazê-lo mergulhar. Meu marido ficava na água perto da borda da piscina e dizia para James pular para ele. Quando James hesitava, nós lhe perguntávamos se ele acreditava que o pegaríamos. "Sim", ele disse, "Eu acredito que vocês vão me pegar", mas seus pés ainda estavam secos e enraizados fora da piscina. "Então, pula", nós respondíamos. Podíamos ver que ele queria pular, ele queria confiar em nós, mas os seus temores eram mais fortes do que a sua fé. Soubemos que James havia progredido de simplesmente *dizer que acreditava* para a *fé real* quando ele pulou nos braços de seu pai à beira da piscina. É claro que, uma vez que ele havia começado, não tinha mais como pará-lo... e agora ele mora perto da praia e surfa o quanto a sua agenda permitir.

Você percebe a diferença entre crença e fé? James *sabia* que seu pai estava ali, esperando com seus braços estendidos. Ele *mentalmente concordou* com a verdade de que seu pai o pegaria. Mas a piscina parecia grande e assustadora, e ele não tinha certeza de que poderia *confiar*. E é isso que difere a crença da fé. Fé é mais do que um simples reconhecimento de um fato: é uma firme persuasão ou convicção. E *sempre* resulta em ação. Talvez essa ação não seja tão óbvia quanto pular da borda da piscina; talvez seja tão irreconhecível quanto uma oração no coração ou a decisão de dar um passo para fora de casa. A fé não tem que ser extravagante, mas ela tem que ter vida.

Pessoas Lembradas por Sua Fé

Vamos analisar um capítulo da Bíblia que é inteiramente dedicado a dar destaque às pessoas de fé. O capítulo é Hebreus 11, e, abaixo, eu resumi o que o Espírito Santo escreveu sobre algumas dessas pessoas. Mas antes de começar a ler esse resumo, deixe-me encorajá-la a parar por um momento e a ler Hebreus 11 para si mesma.

Agora, a partir do versículo 4, vamos ver as pessoas que servem como exemplos de fé:

+ O versículo 4 destaca Abel, filho de Adão e Eva, que ofereceu a Deus um sacrifício aceitável. Por essa ação, feita pela fé, Deus o declarou justo, e a Bíblia diz que ele "mesmo depois de morto, ainda fala". O que ele fala? Como sabemos que ele tinha uma fé que agradava a Deus? Sua fé era visível, não era? Embora ele tenha sido morto por seu irmão por causa de sua fiel obediência, sua vida é um testemunho para nós hoje. Ela nos diz para obedecermos a Deus diante de oposições e do medo de desagradar a outros.

- Enoque era um santo do Antigo Testamento a quem Deus levou diretamente para o céu; assim, Enoque nunca enfrentou a morte. Esse homem de fé é conhecido como aquele que "agradou a Deus". Deus escolheu afastar Enoque da provação da morte porque a sua fé lhe havia agradado. De que maneira Enoque agradou a Deus? Por ter fé na existência de Deus e no fato de que recompensava àqueles que o buscavam. Nós não sabemos exatamente o que Enoque fez para demonstrar a sua fé, mas sabemos que ele foi recompensado por Deus por sua fé. Enoque sabia que "sem fé [era] impossível agradar a Deus"² (versículo 6), mas ele também acreditava que Deus recompensaria a sua fé quando o buscasse. Você acredita que Deus a recompensará à medida que você procurar, pela fé, agradá-lo? Fé abrange não só a crença na existência de Deus, mas também a crença em sua participação íntima na vida de seus filhos. É esse tipo de fé que é sempre recompensada. Pode não ser recompensada para você da mesma forma que é para outros, mas é sempre recompensada.
- Você conhece a história de Noé e de como ele preparou uma arca para a salvação de sua família quando o justo juízo de Deus estava chegando. Ele foi avisado "acerca de acontecimentos que ainda não se viam", assim, "sendo *temente a Deus*, aparelhou uma arca" (versículo 7, grifo da autora) e "se tornou herdeiro da justiça que vem da fé". Às vezes, agir com fé parece tolice. Outras vezes, significa trabalhar duro serrando madeira e martelando pregos. Novamente, a sua fé é demonstrada pelos atos de justiça que você realiza, mesmo que você esteja tremendo enquanto fala com um vizinho sobre Cristo, ou faz coisas pela sua família, ou

contribui para o fundo de missão da igreja. É nessas horas que o temor de Deus tem que superar todos os outros medos.

+ Nós vimos Abraão e Sara no capítulo 2 deste livro. Abraão demonstrou sua fé pela primeira vez ao deixar sua casa e seguir o chamado de Deus, "sem saber aonde ia" (versículo 8). Você pode imaginar os medos que devem ter atormentado tanto ele quanto Sara? Como você se sentiria se o seu esposo chegasse em casa hoje e lhe dissesse que Deus o havia instruído a fazer as malas e a ir para um destino desconhecido? Você teria medo? Preocupação? Os versículos 15 e 16 nos dizem por que Abraão e Sara eram capazes de obedecer a essa difícil ordem: eles aspiravam a uma pátria celestial.

+ Ao que você está aspirando? Se você anseia por segurança e prazer terrenos, então o medo triunfará sobre a fé. Se as suas riquezas estão aqui na terra, então elas estão sujeitas à destruição e à perda, e essa possibilidade a deixará temerosa. Mas se o seu tesouro realmente está no céu, você será capaz de agir com fé porque você não tem nada a perder. Pelo contrário, você terá paz, sabendo que o seu tesouro celestial está seguro sob o cuidado protetor de Deus.

+ Quando Moisés nasceu, a fé de seus pais, Anrão e Joquebede, lhes deu a coragem para desobedecerem à ordem do rei de que ele fosse morto. Na verdade, o versículo 23 diz: "não ficaram amedrontados pelo decreto do rei". Você acha que isso significa que não houve qualquer receio em seus corações sobre o que faraó poderia fazer? Ou possivelmente pode significar que, em comparação à fé que tinham, o medo não significava nada?

Qual era a fé que eles tinham? A fé de que, de alguma forma, Deus protegeria o bebê deles e o usaria para a sua glória.

• Às vezes, fé significa ir contra a sabedoria predominante ou correr riscos. Em outros momentos, significa que enfrentaremos circunstâncias difíceis que não entendemos, e a única opção que temos é perseverar e colocar a nossa confiança completa em Deus. Em alguns casos, Deus responde, como fez com Moisés, e salva vidas. Em outras ocasiões, o martírio a aguarda, mas há uma coisa da qual você pode ter certeza: em todos os tempos, Deus recompensa a fé, e independentemente do resultado, ele a usará para o seu bem final e para a glória dele. Você pode imaginar como a fé se misturou com a tímida preocupação que estava no coração da irmã de Moisés, Miriã, enquanto observava o pequeno cesto flutuar corrente abaixo? *Eu sei que Deus vai ajudar o meu irmãozinho... Ó, Senhor, por favor, ajude-o*. Qual cestinho você precisa colocar para flutuar rio abaixo, pela fé, e confiar que Deus o protegerá e o usará? Não pense que sua fé tem que estar livre de quaisquer preocupações antes de exercê-la. Apenas deixe as preocupações e confie no Senhor – e veja o que ele fará.

• Você pode imaginar o medo que os israelitas sentiram quando ouviram o plano de Josué para tomar Jericó? Marchar ao redor da cidade em silêncio durante seis dias e depois gritar. Essas pessoas pertenciam a uma nova geração – elas tinham ouvido falar sobre como Deus dividiu o Mar Vermelho 40 anos antes, mas nenhuma delas havia realmente visto a habilidade de Deus em derrotar um inimigo forte (exceto Josué e Calebe). Não deixe que a sua familiaridade com a história roube a maravilha que há nela. Em simples confiança, eles rodearam uma cidade bem fortificada e depois esperaram a muralha cair. Você não ficaria com medo? Eu sei que eu ficaria. Você tem fé de que Deus pode derrubar as muralhas fortificadas do medo, da preocupação, da dúvida e da ansiedade em seu coração? O mandamento de Deus para confiar nele e agir de acordo com a sua Palavra pode parecer tão inútil a você quanto o marchar pode ter parecido para os israelitas. Pense por um momento: essas não eram pessoas conhecidas por sua grande fé. Mas, nesse caso em particular, elas tiveram a graça de confiar e obedecer. Você obedecerá a Deus em tudo o que ele está chamando você para fazer? Você acredita que ele irá segurá-la se você pular? Você realmente confia nele?

Hebreus 11 termina resumindo as obras de fé realizadas por outros. Eles "subjugaram reinos, praticaram a justiça, obtiveram promessas, fecharam a boca de leões, extinguiram a violência do fogo, escaparam ao fio da espada, *da fraqueza tiraram força*, fizeram-se poderosos em guerra, puseram em fuga exércitos de estrangeiros" (versículos 33-34, grifo da autora). Esses "heróis da fé" nem sempre foram fortes. Não, a Bíblia diz que "da fraqueza [eles] tiraram força". Você se sente fraco? Você acha que nunca será capaz de mudar? Então você é exatamente o tipo de pessoa que Deus ama transformar. Na verdade, é essa própria fraqueza que trabalhará por você, ensinando-a a colocar sua confiança nele, a ter fé. E, à medida que você crescer na fé, você descobrirá que também é uma das pessoas a quem o Senhor usará para revelar a força dele.

Hoje, se você se sente fraca e incapaz de obedecer, então agradeça a ele. Agradeça a ele por você não ser capaz de ser tão tola a ponto de confiar em si mesma ou em sua própria força. Agradeça a ele pelo fato de a força ter que vir dele, porque você não tem qualquer força própria. Em seguida, levante-se e comece a caminhar ao redor da cidade, construa aquela arca, envie o seu desejo mais estimado rio abaixo aos cuidados de Deus... e deixe ele fazer o que ele sabe que é o melhor a se fazer. Quando se trata de desafios na vida, eu prefiro colocá-los nas mãos soberanas de Deus do que nas frágeis mãos humanas, e você?

Uma Definição de Fé

Então, o que é fé? *É o conhecimento do caráter de Deus, a crença de que ele é capaz de fazer tudo o que prometeu, e a confiança para segui-lo aonde quer que ele conduza.* Para você, isso pode significar ficar em pé diante da igreja e cantar no coral, enfrentando a realidade de que você pode se esquecer da letra da música ou parecer tola. Isso pode significar que você terá que cuidar de uma pessoa doente, mesmo que você se sinta sobrecarregada pela ideia de fazê-lo. Talvez a sua preocupação tenha a ver com dirigir o seu carro na rodovia ou fazer compras para a família. Agir em fé pode até mesmo significar que você terá que suportar sentimentos reais de pânico para que possa amar o seu próximo da maneira que Deus quer que você ame. Nessas situações – e em milhões de outras –, você pode viver a sua fé, e Deus a recompensará. Ele pode não recompensá-la com o desaparecimento imediato dos sintomas do seu medo, mas à medida que você focar na obediência que honra a Cristo, descobrirá que os seus sintomas de medo não significam mais tanto para você. E, com o tempo, se Deus quiser, você descobrirá que eles não importam mais. Por fim, você perceberá que já não vivencia os sintomas há um tempo. Não importa quão fraca você seja, você poderá se tornar forte nele.

Desenvolvendo os Músculos da Fé

Tenho certeza de que você está se perguntando de que forma você pode ter mais fé. Deixe-me lhe mostrar algumas medidas práticas que você pode tomar para fortalecer a sua fé e se tornar uma vencedora sobre o seu medo.

Para ajudá-la a lembrar-se desses passos, eu desenhei uma escada que, a cada degrau, progride da fraqueza para a força. Eu também usei a frase TER FÉ como um acróstico, abaixo:

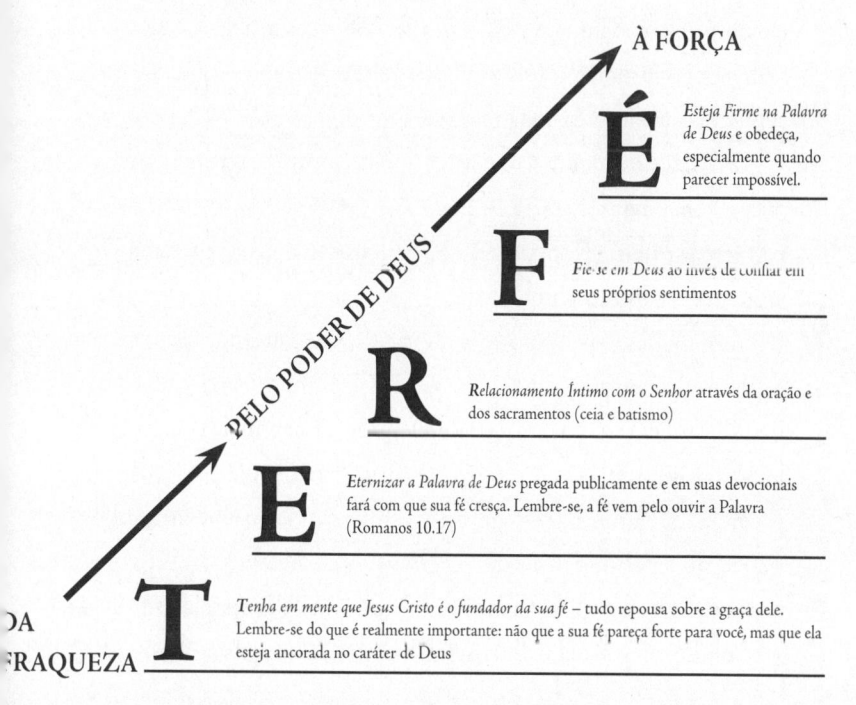

À FORÇA

É — *Esteja Firme na Palavra de Deus* e obedeça, especialmente quando parecer impossível.

F — *Fie-se em Deus* ao invés de confiar em seus próprios sentimentos

R — *Relacionamento Íntimo com o Senhor* através da oração e dos sacramentos (ceia e batismo)

E — *Eternizar a Palavra de Deus* pregada publicamente e em suas devocionais fará com que sua fé cresça. Lembre-se, a fé vem pelo ouvir a Palavra (Romanos 10.17)

T — *Tenha em mente que Jesus Cristo é o fundador da sua fé* – tudo repousa sobre a graça dele. Lembre-se do que é realmente importante: não que a sua fé pareça forte para você, mas que ela esteja ancorada no caráter de Deus

PELO PODER DE DEUS

DA FRAQUEZA

Você se lembra de como as pessoas em Hebreus 11 foram descritas? Eram pessoas cuja fé havia sido transformada da *fraqueza para a força*. E uma vez que Deus não tem favoritos, ele pode fazer o mesmo por você. Você provavelmente não está vivendo as mesmas circunstâncias que aquelas pessoas em Hebreus 11 estavam, mas você pode confiar que Deus recompensará os seus passos de fé com uma fé ainda mais forte e com a libertação do medo. Vamos dar uma olhada em cada degrau da nossa escada, da fraqueza até a força.

Tenha em mente que Jesus Cristo é o fundador da sua fé. Curiosamente, o primeiro passo não tem nada a ver com você. O primeiro passo é aquele que Deus dá quando planta dentro do seu coração a fé da qual somente ele é o autor. Hebreus 12.2 nos diz que Jesus é o autor e o consumador da nossa fé. Ele a inicia, a sustenta, a faz crescer de acordo com o seu plano soberano. Ele é o fundador, e é somente por causa da sua graça que ele a deu a você.

Eternizar a Palavra de Deus. O apóstolo Paulo escreveu que a fé cresce pelo ouvir a Palavra de Deus: "a fé é pelo ouvir, e o ouvir pela palavra de Deus" (Romanos 10.17). Pedro ecoou esse pensamento ao juntar-se ao seu leitor no desejar "ardentemente, como crianças recém-nascidas, o genuíno leite espiritual, para que, por ele, *vos seja dado crescimento* para salvação" (1 Pedro 2.2, grifo da autora).

Atentar-se para a Palavra de Deus leva em consideração pelo menos dois aspectos. Primeiro, há o aspecto da atenção à Palavra pregada. Eu nunca conseguirei enfatizar o suficiente a importância de se alimentar, com frequência, da Palavra de Deus no contexto de um culto na igreja. É vital que você esteja em uma igreja que prega a Palavra fielmente, de forma clara e correta.

Você deveria sentir que a pregação tanto consola quanto desafia você – ou, como os puritanos costumavam dizer: "Boa pregação deve confortar os aflitos e afligir o confortável". Assim como corpos crescem fortes por causa de uma boa nutrição, a fé cresce mais comumente em resposta a um banquete farto de porções regulares da verdade de Deus, aplicada diretamente ao coração pelo Espírito Santo. Beliscar uma bomba de chocolate pode ser prazeroso por algum tempo, mas se você passar a alimentar-se somente disso, por fim, você ficará fraca e doente. Se você não está em uma igreja que tem uma pregação sólida, centrada na Bíblia, então, com certeza, o primeiro passo que você precisa tomar é entrar em uma. Não se contente com nada menos.

Se você tem dificuldade para sair de casa, comece a ouvir sermões gravados com o objetivo de, um dia, frequentar uma igreja. Talvez você pudesse arrumar alguém para levá-la até lá pelas primeiras vezes. Em todo caso, lembre-se de que Deus recompensará até mesmo os passos vacilantes que você der enquanto procura obedecê-lo em fé.

Dar atenção à Palavra de Deus também tem um segundo aspecto: o estudo pessoal da Bíblia. Esse estudo pode ser feito de várias maneiras, mas ele precisa ser tanto constante quanto relevante em sua vida. Se você não estiver familiarizada com a ideia de estudar a Bíblia, deixe-me sugerir que você comece lendo o Evangelho de João. Com caneta e papel na mão, leia um capítulo por dia. Peça a Deus que ilumine o seu coração para a verdade sobre Cristo (lembre-se, é a Palavra que constrói a sua fé). Para cada parte da Escritura que você ler, faça a si mesma as seguintes perguntas:

1 - Qual é o significado dessa passagem?
2 - Por que o Espírito Santo a incluiu aqui?
3 - Como posso pegar a verdade que li e aplicá-la à minha vida hoje?

Se você ficar presa em uma passagem que não consegue compreender, então, passe para a próxima passagem. Se você precisar de ajuda para compreender versículos bíblicos difíceis, procure-os em bons comentários bíblicos. Há também úteis Bíblias de estudo que foram escritas por homens e mulheres de Deus. Informe-se em uma livraria cristã sobre qual eles recomendariam.

Considere o seu tempo de estudo nas Escrituras como uma refeição espiritual. Você receberá alimento da Palavra que ajudará a fortalecer a sua fé. Lembre-se de que não é suficiente ler romances de ficção cristãos ou até mesmo biografias cristãs (embora possa ser benéfico). Foi *a Palavra de Deus somente* que Deus prometeu usar para ajudá-la a crescer, e é da Palavra que você precisa se alimentar diariamente.

Relacionamento Íntimo com o Senhor através da oração e dos sacramentos (ceia e batismo) é o próximo passo importante na escada da fé.

Alguns cristãos supõem, erradamente, que suas orações devem ter uma determinada duração ou ser extraordinariamente eloquentes para que Deus fique satisfeito. Em vez disso, Deus quer que falemos com ele tão "familiarmente como um filho fala com um pai terreno."[3] Em vez de pensar que você deve impressionar Deus com suas palavras, olhe para a oração como um derramar do seu coração diante de seu Pai. Fale com ele, sem reservas, sobre os seus medos e preocupações. Confesse qualquer pecado de incredulidade ou desobediência, e agradeça-lhe pelo seu perdão. Peça a ele a compreensão e a força de que você precisa, a fim de segui-lo fielmente naquele dia. Quando você abrir o seu coração para ele, seus "problemas serão... grandemente aliviados, e a sua confiança em obter seus pedidos aumentará".[4] A oração fortalecerá a sua fé porque você terá a confiança de que ele a ouve, e que você fez o que ele pediu de você ao orar. João escreveu sobre essa confiança, dizendo: "E esta é a confiança que temos para com ele: que, se pedirmos alguma coisa segundo a sua vontade, ele nos ouve. E, se sabemos que ele nos ouve quanto ao que lhe pedimos, estamos certos de que obtemos os pedidos que lhe temos feito" (1 João 5.14-15).

Outro caminho menos reconhecido para a construção da sua fé é participando dos sacramentos: ceia e batismo. Como não está dentro do escopo deste livro escrever extensivamente sobre essas ordenanças abençoadas, será que posso apenas direcionar brevemente o seu pensamento?

Sabemos que a ceia constrói a nossa fé porque quando participamos dela, estamos lembrando a morte do Senhor – seu sacrifício pelo pecado. Ao fazermos isso, estamos pregando o evangelho para nós mesmas novamente: assistindo o pão ser partido, olhando para o cálice da bênção. Essas coisas nos lembram daquela maravilhosa e aterrorizante boa notícia: Cristo morreu pelos pecadores; Cristo morreu por mim! E não só isso, mas ele está governando e reinando até mesmo agora, e a Escritura nos encoraja a esperar pelo seu retorno em breve. Lute contra a tendência de olhar para a ceia como algo comum ou ordinário; observe o partir do pão e a passagem dos elementos com grande cuidado. Observe a unidade que você tem com o Senhor e com o seu corpo, a igreja. Deixe a ceia pregar sobre a fé ao seu coração.

O batismo fortalece a sua fé pelas mesmas razões. O batismo representa, em parte, a morte, o sepultamento e a ressurreição do Senhor, e ao observá-lo, primeiramente em sua própria vida e depois na dos outros, você é relembrado daquela gloriosa notícia: Jesus Cristo morreu para salvar pecadores! Nós, que somos dele, participamos de sua morte e ressurreição, e agora somos capazes de andar em novidade de vida! (Romanos 6.4).[5]

Assim, quando for o momento de batismo ou ceia em sua igreja, assista à essas ordenanças com grande diligência, tendo o cuidado de assistir pela fé, pedindo a Deus para acelerar o seu entendimento para a verdade espiritual revelada pelos elementos naturais do pão, vinho e água.

A propósito, dar atenção à Palavra, oração, ceia e batismo não são meritórios em si mesmos. Em outras palavras, eles não fazem com que Deus ame mais você do que já ama. Eles são simplesmente *meios de graça* externos que Deus geralmente usa para fortalecer a fé que ele colocou em seu coração.

Fie-se em Deus em vez de confiar em seus sentimentos. É tão fácil ter fé em nossas emoções, não é? Eu sei que, para mim, é uma luta constante dizer a mim mesma que só porque eu me *sinto* de uma certa maneira, não significa que isso seja a verdade. Se você for alguém que sofre de ataques de pânico, você achará esse passo o mais difícil de dar. Deixe-me encorajá-la dizendo que você não desmaiará realmente, o seu coração não palpitará com tanta força a ponto de explodir em seu peito, e você não ficará louca. É durante esses momentos que você tem que se lembrar de que Deus é maior que os seus sentimentos e prometeu recompensar a sua fé. Esses primeiros passos parecerão tão difíceis – tudo em você estará lhe dizendo para parar, para se proteger, para não acreditar. Mas o Espírito Santo estará lá com você, encorajando-a a andar pela fé, e não pelo que você vê ou sente (2 Coríntios 5.7). A fé, por sua natureza, vai contra o que se pode observar com os seus olhos naturais ou sentir com suas emoções. A fé não é fé se estiver baseada em coisas temporais como sinais e sentimentos. Como 2 Coríntios 4.18 diz: "as que se veem são temporais, e as que se não veem são eternas".

Lembre-se, você serve o Rei soberano, que é também o seu amoroso Pai celestial. Ele a protegerá, a encorajará e a recompensará à medida que você buscar obedecê-lo pela fé, não importa o que o seu coração palpitante esteja lhe dizendo.

Esteja Firme na Palavra de Deus e a obedeça, especialmente quando parecer impossível fazê-lo. Obediência fiel gera maior fé e obediência, um passo que conduz espontaneamente ao próximo. Às vezes, a obediência cheia de fé parece ser exatamente o oposto do que devemos fazer. Olhe novamente para a vida daqueles descritos em Hebreus 11. A obediência gerada pela fé deles parecia ir contra à razão, e seus corações devem ter se enchido de medo. Mas eles enxergaram as escolhas de forma diferente. Eles enxergaram vida por meio dos olhos da fé e sabiam que, como disse Charles Spurgeon: "Nosso maior risco acaba quando obedecemos".[6]

Você percebe que o que você mais deveria temer é a desobediência? Você tem medo de desagradar ao Pai que tanto ama você e que tem todo o direito de dar ordens a você? Ele tem esse direito porque é o Criador e Redentor. Todas as ordens que ele coloca sobre você são para a sua felicidade, no fim de tudo, e para a glória dele. Não se desespere! Mesmo uma fé muito fraca é forte, porque, se a fé for verdadeira, ela estará vinculada ao que tem todo o poder no céu e na terra. Seu foco não deve estar sobre a grandeza da sua fé, mas sim sobre a grandeza da pessoa em quem você confia. Sua fé pode ser fraca, mas por causa da majestade dele, ela pode fazer muito. Deus é forte o suficiente para segurar você, para guardá-la e capacitá-la a obedecer, mesmo quando parecer muito difícil. É por sua forte graça que você será capaz de crescer em obediência e fé, e experimentar o fim dos seus medos. Como Spurgeon disse: "Quando a nossa única preocupação é obedecer, mil outras preocupações desaparecem"[7].

Feita Forte pela Fraqueza

Você pode se tornar alguém sobre quem se diz: "Da fraqueza, você foi feita forte". Você pode contar com a veracidade dessa verdade, porque o fundamento sobre o qual a promessa repousa não é a sua força, coragem ou fé. Em vez disso, a promessa repousa sobre a grandeza do seu Rei onipotente, e ele não está preocupado com a sua fraqueza. Na verdade, ele se deleita em sua dependência e confiança nele. É seu prazer especial pegar os fracos e torná-los fortes, porque é dessa forma que ele é mais glorificado.

Deixe-me lembrá-la sobre o que eu disse na introdução deste livro: "O que eu escrevi aqui não é apresentado como a resposta para todos os seus problemas, mas lhe direcionará para aquele que é". É minha oração que, por meio destas páginas e da graça de Deus, você tenha se tornado mais consciente da bondade dele e de seu poder transformador de vida. Talvez, ao começar a ler este livro, você não estivesse ciente da profundidade de sua luta contra o medo. Ou, talvez, como tantas outras pessoas, você estivesse mais do que consciente de sua luta, mas realmente não entendesse as origens de seu medo. Assim como você percebeu tanto a origem quanto a magnitude de sua batalha, espero que você também tenha conhecido e confiado naquele que não somente conhece o seu medo intimamente como tem o poder de triunfar sobre ele. Ele é o Transformador de Vidas, e é somente nele que você encontrará a graça de que precisa.

Milhares de Medos Desaparecendo

Frequentemente, durante as tardes de primavera e verão, eu gosto de sentar no meu quintal. Toda noite, por volta das dezoito horas, há um bando de corvos que sobrevoam a caminho de seu descanso noturno. O número de pássaros é surpreendente – centenas, pelo menos, – e quando estou sentada com o pequeno Wesley, nós dois rimos e aplaudimos enquanto eles passam gralhando lá por cima. A família brincou sobre o horripilante filme de Alfred Hitchcock, *Os Pássaros*, e sobre o que faríamos se esses pássaros resolvessem pousar em nosso quintal. Mas eles nunca fizeram isso, e nós realmente temos prazer em vê-los voar e gritar: "passarinhos, passarinhos"!

Pense sobre os seus medos. Você pode nomeá-los? Você entende como eles funcionam? O mais importante, você sabe quem pode fazê-los desaparecer? O Senhor Jesus Cristo enfrentou todos os medos e o fez em seu lugar. É por causa do seu triunfo sobre o medo que você pode começar a sentir a verdadeira liberdade. De fato, Hebreus 2.14-15 afirma a verdade de que uma das razões pelas quais ele veio foi para libertá-la do medo:

> Visto, pois, que os filhos têm participação comum de carne e sangue, destes também ele, igualmente, participou, para que, por sua morte, destruísse aquele que tem o poder da morte, a saber, o diabo, e *livrasse todos que, pelo pavor da morte, estavam sujeitos à escravidão por toda a vida* (grifo da autora).

Por causa do que Cristo fez – libertando a nós, que uma vez fomos escravas do medo – você pode ver os seus medos voando para longe, como os corvos, sabendo que eles foram vencidos pelo único que tem o poder de dissipá-los. Não é a bondade, a força, a compreensão ou mesmo a grande fé que você tem que os enviará para longe. É ele somente – então, deixe-me encorajá-la novamente com apenas uma palavra final de nosso amigo, Charles Spurgeon:

> Não tenho preocupações, ó bendito Senhor,
> pois todas as minhas preocupações são tuas;
> Vivo em triunfo também, pois Tu
> Fizeste do teu triunfo o meu.[8]

Suas preocupações são dele, e os triunfos dele são seus, portanto, agora você pode dizer corajosamente: "O Senhor é o meu auxílio, não temerei" (Hebreus 13.6).

Para Reflexão

1 - Qual é a diferença entre crença e fé? Qual é a evidência da fé?

2 - Em Efésios 1.17-19, Paulo orou para que Deus concedesse determinadas graças aos seus leitores. Quais foram elas? Como ter essas graças faria a sua fé crescer?

3 - Em Marcos 9.17-24, leia a história do pai de um menino possuído pelo demônio. Pense sobre as emoções que esse pai aflito estava experimentando. Qual foi a resposta de Jesus à sua fé fraca?

4 - Por que a aparente fraqueza ou força da sua fé não é tão importante?

5 - Descreva os passos para crescer na fé, como explicado pela ilustração da escada na página 255.

6 - 1 João 5.4-5 fala que a nossa fé vence o mundo. O que essa frase quer dizer? Qual é a relação entre os versículos 4 e 5?

7 - Reserve um tempo agora para pensar sobre o que você aprendeu nessas últimas páginas e resuma seus pensamentos em uma oração de confiança e ação de graças:

Apêndice A

Como Saber se Você é Cristã?

Estou tão feliz que você tenha decidido chegar até esta página no final do livro – e há duas razões por que eu me sinto assim.

Primeiro de tudo, será impossível entender e seguir as verdades contidas neste livro se você não for cristã, e eu quero que você seja capaz de conhecer a alegria da mudança capacitada por Deus. Mas, essa realmente não é a razão mais importante pela qual estou feliz que você tenha decidido vir até aqui.

Eu também estou contente de você ter chegado até aqui porque Deus deseja que você conheça a alegria de ter paz com ele, e que tenha a garantia de que seus pecados estão perdoados. Veja, se você, em momento algum de sua vida, nunca reconheceu a verdade do grande amor e sacrifício de Deus, e a sua necessidade de perdão, você deve se perguntar se você é realmente cristã.

Muitas pessoas vão à igreja e tentam viver vidas "boas".

Nós certamente não somos tão ruins quanto poderíamos ser (nós pensamos)... e assim, como Patrick Swayze no filme Ghost – Do Outro Lado da Vida, nós achamos que realmente não importa se colocamos nossa confiança em Cristo. Afinal, se somos gentis e amamos as pessoas, Deus nos aceitará... certo? Se a decisão dependesse de mim ou de qualquer outra pessoa, provavelmente diríamos que estamos todos bem. Mas essa não é a verdade, e a decisão não cabe a mim ou a qualquer outra pessoa. Depende de Deus – e os seus padrões são diferentes do nosso. Ele diz: "os meus pensamentos não são os vossos pensamentos, nem os vossos caminhos, os meus caminhos" (ver Isaías 55.8).

A verdade é que Deus é perfeitamente santo. Isso significa que ele nunca pensa ou faz nada que seja incompatível com a sua perfeição. Ele é puro e sem falhas de qualquer tipo. Isso não é porque ele se levanta todas as manhãs e diz: "Hoje tentarei ser bom". Não, pela sua própria natureza ele é bom, e nunca há um só momento em que ele não seja.

Além de ser perfeitamente santo, Deus é justo. Isso significa que ele sempre satisfaz a justiça, ou que aqueles que merecem punição sempre a recebam no final. Eu sei, porém, que pode não parecer assim para você, vendo as coisas a partir de uma perspectiva terrena, mas deixe-me assegurá-la, o Grande Juiz de toda a terra prevalecerá. Se Deus permitisse que as pessoas não fossem punidas ao quebrar suas leis, então ele não seria realmente santo, não é?

Por um lado, a verdade da santidade e da justiça de Deus nos tranquiliza. Os Hitlers do mundo, mesmo que pareçam ter escapado do julgamento aqui na terra, estarão diante do seu Criador e receberão exatamente o que merecem. Mas, por outro lado, a santidade e a justiça de Deus deveriam nos deixar desconfortáveis. Isso porque, ainda que não sejamos tão ruins quanto poderíamos ser, sabemos que todos nós pecamos, e Deus odeia o pecado. Falando de forma simples, *o pecado é qualquer violação dos padrões perfeitos de Deus*. Seus padrões estão contidos na Bíblia e foram resumidos nos Dez Mandamentos do Antigo Testamento. Pense por um momento sobre esses mandamentos: você alguma vez teve quaisquer outros deuses em sua vida? Você reverenciou o Dia do Senhor e o separou para ele? Você sempre honrou aqueles com autoridade sobre você? Você tirou a vida de alguém ou virou as costas para alguém que precisava da sua proteção? Você alguma vez desejou alguém que não fosse o seu cônjuge? Você já pegou algo que não era seu? Você alguma vez mentiu ou olhou para alguma coisa que pertencia a alguém e desejou para si mesma?

Tenho certeza de que, se você é como eu, você dirá que provavelmente quebrou uma série de mandamentos de Deus em vários momentos de sua vida. E não há nenhuma maneira de evitar o momento em que, um dia, você ficará diante do tribunal de Deus. E a Bíblia deixa claro que o salário do pecado é a morte (Romanos 6.23). Esse é o castigo que o pecado merece. Mas não se desespere: se você sabe que é uma pecadora, então, há esperança para você, porque Deus não é apenas santo e justo, ele também é gracioso.

Deus tem amor e graça imensos e, por isso, ele fez um caminho para você e eu chegarmos até ele. Ele fez isso sem comprometer sua santidade e justiça. Veja, alguém tinha que tomar a punição pelo seu pecado. Alguém tinha que morrer em seu lugar. Mas quem poderia fazer isso e ainda manter a justiça de Deus?

Todas as pessoas que já viveram pecaram e, portanto, foram desqualificadas para tomarem a punição no lugar de outra pessoa, porque elas próprias mereciam punição. Apenas um homem poderia tomar essa condenação. Apenas um homem viveu perfeitamente sem pecado e completamente não merecedor de castigo. Esse homem foi Jesus Cristo. Jesus era tanto Deus (o que o tornava perfeitamente sem pecado) quanto homem (o que o tornava adequado para ser o nosso substituto). A Bíblia ensina que, por causa do amor de Deus pelo homem, ele enviou seu Filho, Jesus Cristo, para morrer em nosso lugar. Na cruz, Jesus tomou o castigo que nós merecíamos. Assim, a justiça de Deus foi satisfeita, e a sua santidade mantida. É por isso que a Bíblia ensina que "Cristo morreu por nós, sendo nós ainda pecadores" (Romanos 5.8).

Mas seu problema ainda não foi resolvido por completo. Talvez enquanto você esteja lendo, você saiba que é uma pecadora. Você também sabe que Deus é santo e justo, e espera que ele seja tão gracioso e amoroso quanto eu o retratei. O que você deve fazer então? Você deve crer nele. Isso significa que você deve crer no que a Bíblia fala sobre Deus, sobre você mesma e sobre o seu pecado, e deve pedir a Deus que perdoe todos os seus pecados. Você pode fazer isso por meio da oração. Não existem palavras especiais que você tenha que dizer. Na verdade, a Bíblia diz que "todo aquele que invocar o nome do Senhor será salvo" (Atos 2.21). Você pode orar a ele, pedindo que ele perdoe os seus pecados por causa do sacrifício de Jesus. Você pode lhe pedir para que você se torne dele. A Bíblia diz: "Se confessarmos os nossos pecados, ele é fiel e justo para nos perdoar os pecados e nos purificar de toda injustiça" (1 João 1.9). Você pode descansar em sua confiabilidade.

Agora, se você já é cristã, você desejará viver para ele de uma forma que o agrade. Para saber como fazer isso, você deve começar lendo a sua Palavra. Você deveria começar pelo Evangelho de João, no primeiro capítulo. Ao ler, ore para que Deus a ajude a compreender o que está lendo.

O próximo passo que você deve dar é encontrar uma boa igreja, que seja centrada na Bíblia, e começar a frequentá-la. Uma igreja centrada na Bíblia é aquela que acredita na Trindade (que o Pai, o Filho e o Espírito Santo são igualmente um só Deus), acredita que a salvação é inteiramente um dom gratuito de Deus, pratica a oração e a santidade, e prega a partir da Palavra de Deus (sem a inclusão de quaisquer outros livros).

Se você se tornou cristã através do ministério deste livro, eu adoraria saber disso para que eu possa me alegrar com você. Por favor, escreva-me através da editora: Harvest House Publishers, 990 Owen Loop North, Eugene, OR, 97402 – USA.

Que as mais ricas bênçãos de Deus estejam sobre você à medida que se curvar humildemente diante do seu trono!

Apêndice B

Filtrando os Seus Pensamentos

Filtros de Pensamento	Pergunte a si Mesma:
Verdadeiro	O que eu estou pensando sobre Deus é verdadeiro, particularmente o seu cuidado paternal por mim?
Respeitável	Os meus pensamentos honram a Deus? Será que eles refletem o conhecimento de que ele é maravilhoso, bondoso, amoroso, sábio e poderoso?
Justo	Os meus pensamentos são santos, retos e justos? Eles são pensamentos que o próprio Senhor teria?
Puro	Os meus pensamentos lançam dúvida sobre a bondade de Deus ou sobre a verdade de suas promessas? Será que eles elevam a minha própria importância ou desejo?
Amável	Os meus pensamentos fluem a partir de um coração cheio de ternura e afeição pelo Senhor? Será que os meus pensamentos lhe trazem prazer?
De Boa Fama	Os meus pensamentos são de boa fama? Eles estão fundamentados na fé?
Virtuoso	Os meus pensamentos me fazem ter medo ou eles enchem o meu coração com coragem e forte compromisso com o viver virtuoso?
Louvável	Será que o Senhor louvaria os meus pensamentos? Será que eles lhe trazem glória?

Apêndice C

Dia	Tarefa (DV)	Tempo Necessário	Benefício
Domingo			
Segunda-feira			
Terça-feira			
Quarta-feira			
Quinta-feira			
Sexta-feira			
Sábado			

NOTAS

Capítulo 1 – Entendendo Como o Medo Funciona

1. "Our Needless Fears", um sermão entregue na noite de quinta-feira de 11 de junho de 1874 por C. H. Spurgeon no *The Metropolitan Tabernacle*, Newington (retirado do banco de dados eletrônico *Spurgeon's Encyclopedia of Sermons*. Copyright © 1997 por Biblesoft).
2. Ibid.
3. Já que não sou médica, gostaria de recomendar que você faça um bom exame físico para descartar causas físicas para as suas ansiedades.
4. Algumas pessoas acreditam que haja traços inatos ou desequilíbrios químicos como base desses medos. Até o momento em que escrevi este capítulo, não li nada que tivesse me convencido. Há, é claro, mudanças na química do cérebro na pessoa habitualmente temerosa. Mas o que ainda não foi provado é se essa química cerebral anormal é a *causa* ou o *efeito*. Para mais informações, consulte Elliot Valenstein, *Blaming the Brain: The Truth About Drugs and Mental Health* (Nova

York: Free Press, 1998); Ed Welch, *Blame It on the Brain?: Distinguishing Chemical Imbalances, Brain Disorders, and Disobedience* (Phillipsburg, NJ: P & R Publishing, 1998); Sydney Walker, *A Dose of Sanity: Mind, Medicine and Misdiagnosis* (Nova York: John Wiley & Sons, 1997).

5. A primeira vez que pensei em ataque de pânico dessa forma foi após ler G. R. Fisher "Those Mysterious Panic Attacks" em *The Journal of Pastoral Practice*, vol. 6, no. 2, 1983, p. 35.

Capítulo 2 – Heróis Bíblicos que Lutaram contra o Medo

1. Thomas Watson, *A Christian Directory* (Morgan, PA: Soli Deo Gloria Publications, 1996), p. 292. O livro foi publicado pela primeira vez em 1654 sob o título: *A Christian Directory: A Sum of Practical Theology, and Cases of Conscience.*

2. Deus impediu que Abimeleque tocasse em Sara: "daí o ter impedido eu de pecares contra mim e não te permiti que a tocasses" (Gênesis 20.6).

3. C.S. Lewis, *O Leão, a Feiticeira e o Guarda-Roupa* em As Crônicas de Nárnia (São Paulo: WMF Martins Fontes, 2010).

Capítulo 3 — Substituindo o Seu Medo pelo Poder de Deus

1. Banco de dados eletrônico *Spurgeon's Encyclopedia of Sermons*. Copyright © 1997 por Biblesoft.

2. Veja também Romanos 8.2; 2 Coríntios 3.17; 6.18; Efésios 1.19; Colossenses 1.29.

3. Corrie ten Boom, *The Hiding Place* (Grand Rapids: Chosen Books, 1971), p. 33.

4. Banco de dados eletrônico *Spurgeon's Encyclopedia of Sermons*. Copyright © 1997 por Biblesoft.

5. Jerry Bridges, *Confiando em Deus mesmo quando a vida nos golpeia, aflige e fere* (São Paulo: Nutra, 2013), p. 24.

6. Philip Bennett Power, como citado em Jerry Bridges, Ibid., págs. 247 e 248.

Capítulo 4 — Quando Você Sente que Está Perdendo o Controle
1. Veja Êxodo 3.15-17.
2. Banco de dados eletrônico *Matthew Henry's Commentary on the Whole Bible*, New Modern Edition. Copyright © 1991 por Hendrickson Publishers.
3. Ibid.

Capítulo 5 — Temendo as Pessoas ao Nosso Redor
1. Edward T. Welch, *When People Are Big and God Is Small: Overcoming Peer Pressure, Codependency, and the Fear of Man* (Phillipsburg, NJ: P & R Publishing, 1997), p. 19. Esse livro maravilhoso é uma preciosa fonte para qualquer pessoa que luta contra o temor de homem, que é eufemisticamente chamado de "pressão dos colegas", "codependência" e "timidez" em nossa cultura. O livro foi traduzido para o português pela Editora Batista Regular sob o título *Quando as Pessoas são Grandes e Deus é Pequeno*.
2. Banco de dados eletrônico *Matthew Henry's Commentary on the Whole Bible*, New Modern Edition. Copyright © 1991 por Hendrickson Publishers, Inc.
3. Os Guiness, *The Call: Finding and Fulfilling the Central Purpose of Your Life* (Nashville: Word Publishing, 1998), p. 74.
4. Banco de dados eletrônico *Barnes's Notes*. Copyright © 1997 por Biblesoft.
5. Guiness, ibid., p. 77.

Capítulo 6 — O Medo Causado pelo Perfeccionismo
1. Em nossa luta contra o perfeccionismo, a nossa tendência pode ser de subestimar o padrão de Deus. Na tentativa de nos livrarmos do que parece ser padrões de desempenho impossivelmente elevados, podemos ser tentadas a negligenciar o ensinamento de Jesus sobre esse tema. É nesse ponto que devemos ter cuidado para que não diminuamos ou distorçamos a Palavra de Deus a fim de se ajustar aos nossos propósitos, mesmo que esses propósitos pareçam bons.

2. Claro, existem alguns que acreditam que a perfeição deste lado do céu é atingível. Parece-me que essa crença só pode ser sustentada caso o padrão seja reduzido para incluir apenas pecados exteriores como o adultério, a mentira ou o roubo, e não os pecados interiores mais ocultos, tais como raiva, luxúria, autoindulgência ou cobiça.

3. I.D.E. Thomas, *A Golden Treasury of Puritan Quotations* (Carlisle, PA: The Banner of Truth Trust, 1997), p. 207.

4. Veja também Isaías 53.10-12; Daniel 9.24; 2 Coríntios 5.21; Efésios 1.6; Filipenses 3.9; Apocalipse 7.9-17.

5. Richard Baxter, *A Christian Directory* (Morgan, PA: Soli Deo Gloria Publications, 1996), p. 75.

6. Agradecimento a Paul Tripp por destacar esse versículo e sua aplicação.

Capítulo 7— Deus Realmente se Importa com Você

1. Banco de dados eletrônico *Matthew Henry's Commentary on the Whole Bible*, New Modern Edition. Copyright ©1991 por Hendrickson Publishers, Inc., comentário sobre Mateus 6.33.

2. Ralph C. Merkle, *Energy Limits to The Computational Power of the Human Brain*, www.merkle.com/brainLimits.html. Esse artigo foi publicado primeiramente em *Foresight Update*, No. 6, agosto de 1989.

3. Paulo disse a mesma coisa em 2 Coríntios 3.4-5: "E é por intermédio de Cristo que temos tal confiança em Deus; não que, por nós mesmos, sejamos capazes de pensar alguma coisa, como se partisse de nós; pelo contrário, *a nossa suficiência vem de Deus*".

4. Ric Ergenbright, *The Art of God: The Heavens and the Earth* (Wheaton, IL: Tyndale House Publishers, 1999).

5. Alguns ensinam que é muito difícil ou até mesmo impossível confiar em Deus como seu Pai celestial se você não teve um bom pai terreno. Embora esse

argumento pareça lógico à primeira vista, seria a mesma coisa que dizer que eu não posso identificar Deus como meu Mestre porque tenho um chefe ímpio, ou que não consigo entender o governo real de Deus porque tive péssimos exemplos de presidente. Não estou dizendo que nossos relacionamentos de infância não importam. O que estou dizendo é que todos os filhos de Deus podem aprender a confiar nele como Pai, porque nunca devemos atribuir ao caráter de Deus o que vemos no homem pecador. Além disso, nossos pais terrenos podem nos servir de exemplos do que nosso Pai celestial não é.

6. Matthew Henry, ibid.
7. Banco de dados eletrônico *Spurgeon's Encyclopedia of Sermons*, exposição de Mateus 6.5-34. Copyright © 1997 por Biblesoft.
8. Não estou dizendo que seja pecaminoso fazer um sanduíche ou cozinhar para seus convidados. Estou lhe pedindo para questionar o foco principal da sua vida. Somos ordenadas a praticar hospitalidade e comer corretamente para que possamos manter a nossa saúde. É que, mesmo passando maionese ou fazendo churrasco, precisamos estar buscando o reino dele e o nosso crescimento na santidade. Afinal, daqui a cinco anos, as pessoas não se lembrarão se o molho estava ruim. O que elas lembrarão é se aprenderam mais sobre Deus e o seu amor.

Capítulo 8 — A Segurança da Soberania de Deus

1. Arthur W. Pink, *Deus é Soberano* (São José dos Campos: Editora Fiel, 1997), p. 34.
2. Jerry Bridges, *Confiando em Deus mesmo quando a vida nos golpeia, aflige e fere* (São Paulo: Nutra, 2013), p. 42.
3. Enquanto você olha para essa lista, eu tenho certeza de que você tem perguntas sobre o livre-arbítrio do homem e do poder do diabo. Deixe-me apenas dizer que acredito que a Bíblia ensina que nós livremente fazemos escolhas responsáveis. Deus nunca força ninguém a amá-lo contra a sua própria vontade nem faz com

que alguém peque. Deus ordena que todas as pessoas venham a ele, e aqueles que desejarem fazê-lo, assim devem proceder (ver Mateus 11.25-28). A questão não é se somos forçadas a ir até ele ou impedidas quando queremos ir. A questão diz respeito ao desejo: todos os que querem ir até ele, o farão.

4. Além disso, o diabo é poderoso, mas não pode fazer nada sem a permissão de Deus, como a história de Jó retrata de forma tão vívida. Satanás é um ser criado e, como todos os seres criados, está sob a autoridade do Criador. Eu recomendo os seguintes livros sobre esse tema: *Confiando em Deus mesmo quando a vida nos golpeia, aflige e fere* por Jerry Bridges (Nutra, 2013); *Deus é Soberano* por Arthur W. Pink (Editora Fiel, 1997); *Eleitos de Deus* por R.C. Sproul (Cultura Cristã, 1998).

5. Pink, ibid.

6. Banco de dados eletrônico *Barnes's Notes*, por Albert Barnes, D.D. Copyright © 1997 por Biblesoft.

7. Citado em Pink, ibid., p. 154.

8. Doris Van Stone, *No Place to Cry: The Hurt and Healing of Sexual Abuse* (Chicago: Moody Press, 1990), p. 118. O livro foi traduzido para o português pela Editora Vida sob o título *Não Tive Onde Chorar: A Dor e a Cura do Abuso Sexual*.

9. O imperador, de fato, emitiu a sentença de morte, mas Lutero foi protegido e escondido por um ano quando o imperador envolveu-se em outras questões. Durante sua reclusão forçada, Lutero traduziu o Novo Testamento para o alemão. A mão soberana de Deus protegeu Lutero, mas, ao mesmo tempo, o limitou para que ele tivesse tempo para traduzir a Bíblia.

10. *An Instructive Truth*—Jeremias 10.23. Um sermão entregue na noite de quinta-feira em 22 de junho de 1876 por C. H. Spurgeon no *The Metropolitan Tabernacle*, Newington. (retirado do banco de dados eletrônico *Spurgeon's Encyclopedia of Sermons*. Copyright © 1997 por Biblesoft).

Capítulo 9 — O Medo que Resulta em Bênçãos

1. Jay E. Adams, *The Christian Counselor's New Testament*, (Hackettstown, SC: Timeless Texts, 1994), p. 224.
2. Ibid., p. 825.
3. Edward T. Welch, *When People Are Big and God Is Small* (Phillipsburg, NJ: P & R Publishing, 1997), pp. 97-98. O livro foi traduzido para o português pela Editora Batista Regular sob o título *Quando as Pessoas São Grandes e Deus é Pequeno*.
4. *A Fear to Be Desired*, Oséias 3.5. Sermão entregue na noite de quinta-feira de 7 de novembro de 1878 no *The Metropolitan Tabernacle*, Newington. (retirado do banco de dados eletrônico *Spurgeon's Encyclopedia of Sermons*. Copyright © 1997 por Biblesoft).
5. John Bunyan, *O Peregrino* (São José dos Campos: Editora Fiel, 2005), págs 77-78.
6. Banco de dados eletrônico *Spurgeon's Encyclopedia of Sermons*. Copyright © 1997 por Biblesoft.

Capítulo 10 — O Oposto do Medo: Amor

1. Jay E. Adams, *O Manual do Conselheiro Cristão* (São José dos Campos: Editora Fiel, 1982), p. 378.
2. Para uma discussão mais profunda sobre lutar contra a dúvida, veja The Guiness, *God in the Dark: The Assurance of Faith Beyond a Show of Doubt* (Wheaton, IL: Crossway Books), 1996.
3. Veja 1 Pedro 3.6.
4. Banco de dados eletrônico *Spurgeon's Encyclopedia of Sermons*. Copyright © 1997 por Biblesoft.

Capítulo 11 — Crescendo Fortemente na Graça

1. Jerry Bridges, *The Discipline of Grace: God's Role and Our Role in the Pursuit of Holiness, A Study Guide Based on the Book* (Colorado Springs: NavPress, 1994), p. 7.

2. Ibid., p. 10.

3. "It Is Well with My Soul" por Horatio G. Spafford, 1873.

4. Margaret Wise Brown, with Hurd, Clement, illus., *The Runaway Bunny* (Nova York: Harper & Row, Publishers, Inc., 1942).

5. Bridges, Jerry, ibid., p. 10.

Capítulo 12 — A Força de Deus Revelada em Nossa Fraqueza

1. Banco de dados eletrônico *Barnes' Notes*. Copyright © 1997 por Biblesoft.

2. Hebreus 11.6.

3. John Calvin, *Heart Aflame: Daily Readings from Calvin on the Psalms* (Phillipsburg, NJ: P & R Publishing, 1999), p. 22.

4. Ibid.

5. É claro, o batismo também representa a regeneração ou o nascimento espiritual do crente.

6. *The Obedience of Faith*—Hebreus 11:8 (retirado do banco de dados eletrônico *Spurgeons Encyclopedia of Sermons*. Copyright © 1997 por Biblesoft).

7. Ibid.

8. Ibid.

FIEL
MINISTÉRIO

O Ministério Fiel tem como propósito servir a Deus através do serviço ao povo de Deus, a Igreja.

Em nosso site, na internet, disponibilizamos centenas de recursos gratuitos, como vídeos de pregações e conferências, artigos, e-books, livros em áudio, blog e muito mais.

Oferecemos ao nosso leitor materiais que, cremos, serão de grande proveito para sua edificação, instrução e crescimento espiritual.

Assine também nosso informativo e faça parte da comunidade Fiel. Através do informativo, você terá acesso a vários materiais gratuitos e promoções especiais exclusivos para quem faz parte de nossa comunidade.

Visite nosso website
www.ministeriofiel.com.br
e faça parte da comunidade Fiel

Impressão e Acabamento | Gráfica Viena
Todo papel desta obra possui certificação FSC® do fabricante.
Produzido conforme melhores práticas de gestão ambiental (ISO 14001)
www.graficaviena.com.br